翻身

完颜不厌 著

中国友谊出版公司

图书在版编目（CIP）数据

翻身 / 完颜不厌著. -- 北京 : 中国友谊出版公司, 2025.3. -- ISBN 978-7-5057-6086-8

Ⅰ. B848.4-49

中国国家版本馆 CIP 数据核字第 2025FF5118 号

书名 **翻身**

作者 完颜不厌

出版 中国友谊出版公司

发行 中国友谊出版公司

经销 新华书店

印刷 北京军迪印刷有限责任公司

规格 710 毫米 ×1000 毫米　16 开

12 印张　184 千字

版次 2025 年 3 月第 1 版

印次 2025 年 3 月第 1 次印刷

书号 ISBN 978-7-5057-6086-8

定价 58.00 元

地址 北京市朝阳区西坝河南里 17 号楼

邮编 100028

电话 (010) 64678009

前言

每个人都有向上的力量

你也许从事着日复一日辛苦奔波的工作，机械地重复着相同的劳动，看不到丝毫上升的空间；现在的收入让你的生活捉襟见肘，受限于此，你如同被囚禁在一个无形的牢笼中，艰难地维持着生活，却感到无比疲惫和迷茫。比如：快递员在风里来雨里去；滴滴司机长时间在路上奔驰；服务员在忙碌的工作中找不到未来的方向；离开老家到工厂打工，或者留在乡村为农产品的销路和价格担忧；等等。

生活的压力如影随形，我们不得不精打细算每一笔开支。我们因此渴望着改变，渴望有一个契机能够打破这种沉闷的生活状态，让我们实现华丽翻身。

但是，要想实现真正的翻身，并非同层次地变换工作那么简单。首先，要有强大的改变意愿，这是实现翻身的动力来源。你现在翻开了这本书，其实已经无须我多言。其次，要善于利用自己现有的资源和才能，去发现足以让自己改变的机遇。在这个新时代，新技术不断涌现，为我们创造了无数的机会。互联网的普及让信息传播得更加迅速，电商、直播、自媒体等新兴行业如雨后春笋般崛起。那些敢于尝试、勇于创新的人，在这些领域中找到了属于自己的一片天地。

其实，已经有很多人走在了这条翻身的路上。因为工作关系，我接触了很多优秀的人，他们克服了很多困难，用百倍的努力通过副业来赚钱，从而实现翻身。我把他们的故事收集整理出来，希望能够为依然困在重复劳动、低薪且看不到更好未来的人，提供一些方向、一些思路、一些可以拿来就用的方法。这些人来自各行各业，他们的经历告诉我们，只要有决心、有勇气、有智慧，辛勤付出，就能够在副业中找到属于自己的成功之路。

出于对当事人的尊重和保护，文中都使用了化名。

除了讲述故事，我还分享了一些实用的方法和技巧，希望能够帮助大家在副业赚钱的道路上更加顺利。

在这个充满挑战和机遇的时代，我们要以学习为动力，以机遇为跳板，勇敢地迈出改变的第一步，相信只要坚持不懈地努力，就一定能够实现人生的翻身，走向更加美好的未来。

目录
CONTENTS

第三章　地摊经济中的淘金者

第四章　闲暇时间里的创富奇迹

第五章 民以食为天的创富新解

第六章 农村的广阔天地与无限商机

第七章 小创意撬动大市场

第八章 人人可为的教育创富路

第一章
把握新时代的财富脉搏

从滴滴司机到数据采集先锋

冯新凯成为滴滴司机已经有4年了。最初他干这一行是因为他原先工作的公司受到经济形势的影响倒闭了。一时找不到工作的他，想要“骑驴找马”，先找个过渡的职业，赚些钱养家糊口。

可没想到，这工作一干就是4年。新工作一直没找到，滴滴打车的竞争却越来越激烈。

冯新凯工作一直很努力，早上很早就出车，晚上很晚才会回到家。随着大儿子考上区重点高中，接下来要花钱的地方多的是，冯新凯开始为钱发愁了。

对他来说，滴滴司机是个“勤行”，技术含量不高，主要靠勤快，投入时间、体力来赚钱。冯新凯不怕投入时间和精力。事实上，自从儿子考上了高中，他就自觉地每天延长了工作时间。收入确实有了一定的增长，可这与他的付出完全不成正比。

闲下来的时候，冯新凯就会思考，自己每天出车将近12个小时，其中有很多时间都是处于空车转悠的状态。比如早、晚高峰后的一段时间，还有午饭后的一段时间，打车量都会下降。以往遇到这种情况，冯新凯就会找个地方停车休息等单子，既能省点油，也能恢复一下体力。这样的情况每天都会有，有时候时间还真不短。再比如客人叫车到远郊，回程的时候经常是空车。如果没有这些空跑的时间，每天12个小时不停地接单、跑单，该多好啊！冯新凯当然知道，这是完全不可能的。

冯新凯心想：这些时间难道就只能这么浪费吗？

一天早高峰结束后，冯新凯将车开到一条偏僻的小路上想休息一下，顺便等待下一单。在等待的过程中，他无意间看到滴滴司机群里有人发了条链接："滴滴司机可以做的兼职。"

群里一下子热闹起来，你一言我一语地打听有什么兼职可以顺路做。

正在发愁的冯新凯当然也有兴趣，他打开链接，仔细研究。

他看了"同城闪送""App地推"等一系列兼职的介绍，最后，他对"地图信息采集"的兼职产生了很大的兴趣。

所谓地图信息采集，就是现在的地图软件，例如高德地图、百度地图、腾讯地图等，它们出于丰富电子地图信息和准确度的需要，会在原有地图的基础上，出钱以完成任务的形式，让兼职人员采集相关道路的各种信息，以照片的形式上传网站。如果上传的信息被采用，兼职人员就能获得相关报酬。

冯新凯捧着手机，下载了地图信息采集App，仔细研究了具体的操作方法和报酬获取方式。然后，他立刻注册了App，并且绑定了银行卡，在进行实名认证后，他很快就在任务清单中点了附近一个小任务试手。

任务距离冯新凯停车的位置只有200米，他将车开过去后，按照网上教程对任务目标地区进行拍照，采集信息。整个流程只花了一刻钟左右，这还是在他第一次操作非常不熟练的情况下。

刚上传好照片，滴滴派单就到了，冯新凯忙着出车，暂时就把这件事情放下了。这一天生意出奇地好，接下来的时间里，他一单接一单，一直忙到了晚上8点才终于可以歇一歇。

冯新凯找了一个小店准备吃晚饭，他打开那个地图信息采集App，一条提示信息吸引了他的注意。原来是他上午上传的那条信息已经被采用了，他将获得2元钱的报酬。这条信息一下子把冯新凯一天的疲惫都赶走了。他兴奋地拿着手机，确定自己发现了一条收入增长的途径。

接下来几天，他又接了几个任务并且完成，还加入了一个地图采集贴吧。在这个贴吧里，有很多从事相关兼职的人分享经验。冯新凯用心记着这些经验，并且跟自己对照，思考哪些经验对自己有帮助。他准备了一个小笔记本，将对自己有用的信息记录下来。

在最初这段时间里，他并没有急于接大量地图信息采集任务赚钱，而是在搞清楚了这项兼职中的各种窍门、各种操作后，咬咬牙，买了一部新手机，并且将能找到的所有地图信息采集App都下载了。

在这些App里，前期的兼职者都只能做一些简单的任务，随着等级的升高，就可以接一些高级的任务。越高级的任务，报酬越多。

冯新凯每天都坚持完成简单的任务，没过几天，他几个App的账号等级都升到了高级别。他开始接一些高级任务和打包任务。随着操作越来越熟练，他从地图信息采集中获得的收益也越来越多。

每次将客人送到目的地后，他都会顺便打开App，看看附近有没有顺手的任务可做。

这些App一般都会设置48小时或72小时的任务上交期限。所以每天休息的时候，冯新凯都会仔细选择任务，规划第二天的路线安排。

冯新凯经过认真分析、安排，做这份兼职一个多月后，最高日兼职收入达到180元。

滴滴生意好的日子，冯新凯就专注开车；生意冷清时，他就做地图信息采集来弥补。冯新凯这样安排着自己的工作和兼职，在一段时间里，他的收入竟然获得了不小的提高。

面对收入的提高，冯新凯异常高兴，他甚至发动了自己的妻子，让她在上下班途中也顺手接几个任务，赚些零花钱。

这一天，他跟往常一样出车。休息时，他又上了贴吧，一条经验分享吸引了他的注意。

这位分享的网友说，一些城市建设新城、新区会出现大量的新路、新店家，有大量的地图信息需要采集。在一些大城市，这些地图信息采集公司往往会用自己的专用地图信息采集车来做主要工作，一些零碎的工作才会让他们这些兼职完成。但是在一些二、三线城市，这样的工作有时也会交给兼职做。

开了4年滴滴，冯新凯对自己所在城市的道路已经非常了解了。他所在的城市算个三线城市，恰好最近正在城北郊围绕高铁站建设一个高铁新城。那里的变化可以说日新月异，每次送客人到那里，冯新凯都会感慨那里的建设速度之快。只是在平日里，那里的滴滴生意一直很冷清，他没有注意过。

冯新凯心想：对啊，那里对于地图信息采集者来说，简直就是一个大金矿啊！

在冯新凯所在的城市，跟他一样从事地图信息采集兼职的人并不多。即便这样，他还是怕夜长梦多，连夜在几个App上查找相关任务，将一些性价比高的全都接了下来。

接下来，在很长的一段时间里，他一有空就去那个高铁新城。他一边采集数据，一边看着新城一点点从无到有，越来越好。

道路信息、店铺信息、小区信息、办公楼信息……新城每天都有新任务出现，冯新凯的收入又上了一个台阶。最高的时候，他一天几个App的总收入达到800元。

冯新凯平时开车也会使用导航，他所做的工作，正是能够让导航越来越方便、越来越精确的关键步骤。每当打开导航的时候，他就会觉得这份兼职不但能赚钱，还很有意义。

他这样做了一年多后，发现身边从事这一行的人越来越多。对于这个现象，冯新凯并不担心，因为一年多兼职，他总结了许多经验，也提高了沿路拍照提取信息的熟练度。他的第一单任务花了将近一刻钟，现在再让他去，可能不到一分钟就能搞定了。

在几个地图信息采集App上，他的等级都已经很高了。更高的等级意味着对其更高的信任度，这点对他接一些特别的任务很有帮助。

自从干了这个兼职，冯新凯平均每天有3个小时采集地图信息。在这个过程中，他走遍了这个城市的每个角落，他用自己的手机给这个城市的许多街道、小区、公园、商场都拍过照。

这让生长于此的冯新凯对这个城市有了更深的认识。

“我要拍遍这个城市的每一条街道，等老了，给下一代看看这个城市现在的样子。”

未来这个城市会是什么样子，冯新凯不知道，但认真记录现在的城市的他充实而忙碌。

翻身步骤

第一步：调整心态，要有足够的动力，才会打开自己的视野，去发现可能的机会。

第二步：当发现一些可能的机会时，要快速确定自己的工作性质和这个兼职的匹配度。匹配度高，才能事半功倍，否则就只是利用自己的时间累积。

第三步：打破固有思维，勇于学习与尝试。譬如学会下载地图信息采集App，学习操作方法，尝试接任务。不好高骛远，从最简单的任务开始入门。主动加入相关贴吧，记录有用信息，提高自己的业务水平。

第四步：合理规划时间，不让新增的工作内容过于影响目前的主业工作。利用滴滴订单较少时等待接单的时间进行地图信息采集，事先规划路线和时间，以使自己的效率更高。

注意事项

1. 确保兼职符合法律法规和平台规则。
2. 合理安排滴滴司机工作和兼职任务，避免过度劳累。
3. 对新任务和新区进行风险评估，确保安全和收益。
4. 避免不是大任务不接的心态，从基础做起，坚持不懈。

地推高手的移动互联网冒险

在方浩宇很小的时候，他的父母就去世了，他跟着爷爷奶奶长大。中专毕业之后，他一时找不到工作。城里开快递站的表舅正好需要招人，就让他到自己站里干活，做快递员。快递员的工作忙碌又疲惫，好在他年轻，身体健壮，精力充沛，很快就适应了每天的工作节奏。

他主要负责的是一个老小区的快递配送。这个小区以老式6层楼为主，没有电梯，以前的快递员送快递不是放菜鸟驿站就是放在快递柜，被投诉过好多回。

方浩宇接手后，他很认真地将每一个快递送到家，并且记录了不同住户的要求。他发现，在这个小区的住户中，老年人占了很大的比例。对这些老年人，只要有快递，他一定送上门。如果业务不是太忙，他还会陪他们聊两句，走的时候还会帮忙将垃圾带下去扔掉。

3个月下来，小区中的很多居民都认识了这个脸上总是带着笑意的小伙子，有时候在路上遇到，还会客气地跟他打招呼。

同事们觉得方浩宇这样做是浪费时间，方浩宇也不辩解。从小和爷爷奶奶一起长大的他，太明白老人们内心的孤独，有时候和他们闲聊几句，帮忙干一些小事，就会让他们高兴很久。虽然他不知道这样做能给自己带来什么好处，可看到老人们脸上的笑容，他总会想到爷爷奶奶，内心也会开心起来。他希望自己能多赚钱，给爷爷奶奶翻修一下老家的房子，让他们生活得更舒服一些。

一天，方浩宇送完快递正要离开小区，看到一个年轻人拿着二维码和许多小礼品在小区门口，拦着居民推销着什么东西。出于好奇，他上前看了看，跟这个年轻人聊了聊。

年轻人说，他干的这个叫“地推”，就是实地推广。地推人员通过分发宣传资料、口头介绍、让人试用体验等方式，向大家介绍自己的产品，从而达到提高产品曝光度和销量的目的。他现在做的是互联网地推，就是有一些手机App为了提高下载量和注册量，雇用一些人进行推广。

年轻人说了很多，但方浩宇最关心的只有一件事：地推赚钱吗？

“理论上，这个工作做得好，是挺赚钱的。”年轻人说，“就是按扫你二维码下载App注册的人数结账的。如果你能拉足够多的人来下载注册，你的收入就会很高。”

方浩宇听年轻人介绍了许多，比如不同App的特点和针对人群、不同App的佣金规则、不同App的受欢迎程度等。

方浩宇跟那个年轻人要了一份资料，回到宿舍，一边吃着方便面，一边仔细研究着App地推。在网络上，关于App地推的资料有很多，只是他以前从来没有关注过。他翻看着网络上一些做App地推的人的经验分享，比较不同App之间受众的区别，甚至下载了几个热门App，体验它们的优劣。

不知不觉，天都亮了起来，方浩宇面前放着一本写得密密麻麻的笔记本，他确定这个事情可以做。他的理由很简单：第一，App地推可以在下班后做，不会影响他正常的工作；第二，作为一个客户关系良好的快递员，他比一般地推人员更有优势，至少他向一些熟悉的人推荐App，别人不会听都不听就跑开；第三，他自信，有不错的口才和不怕失败的勇气。

他想：只要能快点赚到钱，给爷爷奶奶翻修老屋，辛苦一点、委屈一点，又算得了什么？

很快，方浩宇就注册了一个App拉新任务平台。通过相关平台，他选择了合适的项目，开始了自己第一次地推的准备。

方浩宇这次选择的是短视频App的推广，因为他从上一次那个来小区地推的年轻人身上，看到了许多地推人员常会忽视的一个群体——老年人群体。

在方浩宇看来，老年人容易寂寞、无聊，短视频网站能满足他们的许多需求，比如了解信息、社交需求、打发时间、展示自己等。

这个短视频App此时正处于大力推广阶段，所以在佣金上也是相当大方的。

方浩宇针对老年人的特点，提前购买了一些小礼物。这些礼物价格不高，对老年人来说比较实惠，比如指甲钳、钥匙扣、药物盒、小盆栽等。

下班后，他带着这些小礼物来到了老年人聚集的小区中心花园。

因为方浩宇跟小区的居民都比较熟悉，在这里下棋、跳广场舞、散步、聊天的人都会跟他打招呼。看到他带来的很多小东西，许多人都好奇地上前询问。

面对询问的人，方浩宇打开了自己的手机，里面有早就下载好的那个视频App。他打开短视频，然后将手机放在一边，而他则卖力地跟眼前的大爷大妈们介绍着App的使用方法。

“你们看，眼前跳广场舞的阿姨们跳得多好，你们不想更多人看到你们的舞姿吗？”方浩宇一边说，一边拿起手机，对着阿姨们拍了一段视频，然后经过简单处理后，将它发布到自己的账号上，“你们看，只要发布了，大家就可以看到……”

年纪大的人对眼前的新事物都感兴趣，加上对方浩宇的信任，许多老人家都拿出了手机，让方浩宇帮忙下载注册。

老年人对于电子产品的使用大多不熟练，方浩宇耐心地教他们使用。一晚上下来，虽然很热闹，可真正完成下载和注册的人数并没有想象的多。

回到家，方浩宇经过认真思考，发现自己在教大家使用上花费了太多时间，以致没有顾及许多想要下载的人。

想到这里，他立马将App从下载到使用的整个流程用笔写了下来，还配了简单的图画说明。第二天，他到一家打印店，将这份简单的资料打印了100份。

下班后，还是老地方，方浩宇将资料发下去，很多人根据资料就能知道使用方法，这节约了他许多时间。这一次，下载量也大大提高了。

前后一周时间，方浩宇让这个小区几乎所有的老年人都下载了这款

App。他可不是让人下载完了就不管了，为了调动大家的积极性，他还在小区中心花园组织了一个小活动。他鼓励已经下载好App的老人们互相关注，然后发布视频，相互点赞评论，每天获得点赞最高的就可以到方浩宇这里领一份小礼品。对于这个新鲜事物，老人们的兴趣很大。为了获得更多点赞，有的老人特意将其他小区的熟人拉到方浩宇这里下载App。和这些新来的老人熟悉后，方浩宇又能跟着他们去所住的小区继续推广。

老年人跟年轻人比较不同的是，他们更相信自己人际圈的推广，也对自己熟悉的人有更多信任。从小跟爷爷奶奶长大的方浩宇非常了解这一点。他也充分利用了这一点，快速扩展了自己的业务。

一段时间过后，眼看着最早做的这个App在周围十几个小区已经基本饱和，方浩宇又重新挑选了一个老年人会感兴趣的App继续推广。

方浩宇不想放弃自己本职的快递工作，这就决定了他只能利用下班后的时间做兼职地推。不过他充分发挥了自己的优势，找到了App地推市场的空白点，通过亲和力和服务，成了这附近十几个小区的“地推小王子”。

如今他干这份兼职已经3年了。在这3年里，他在App地推上收获颇丰。他给爷爷奶奶翻修了房子，也给自己买了一辆便宜的小汽车。

最关键的是，他做这一切并没有影响他的本职工作，甚至对他的本职工作还有很好的促进作用。附近小区的许多人现在就冲着对他的信任，会把快递送到他这里寄送。

方浩宇的表舅又新开了快递点，原来的快递点就交给了方浩宇打理。方浩宇越来越忙，不过他享受这种忙碌，对他来说，只要能赚到钱，过上更好的生活，忙碌一些不算什么。

翻身步骤

第一步：发掘自身职业的优势和资源。比如，方浩宇发现自己送快递可以接触真实的客户，而且有长期接触的机会，他和客户能保持充分的熟悉度和信任感。一般不同的工作会产生一些额外的资源，这个需要我们去发掘。

第二步：将自己的优势资源和发现的机会相结合，找到自己前进的方向，同时也要找到自己缺失的相关技能，然后去学习。一般可以通过询问从业人员、网络搜索资料掌握地推的相关知识。

第三步：选定目标群体。不盲目求大、求全，针对老年人群体进行地推，精准寻找客户。

第四步：做好地推的准备。比如购买一些适合老年人的小礼物，更多地了解老年人常聚集的场地和他们的喜好等。

第五步：在送快递的时候，挑选合适的目标对象，充分把握老年人的心理，设计有针对性的活动，增加客户好感，提高客户黏性。

第六步：积极拓展。利用老年人的人际网络和相信熟人的特点，扩大推广范围；在一个App趋于饱和的情况下，及时寻找新产品。

注 意 事 项

1. 选中目标群体，了解目标用户的需求和偏好，提供适合他们的产品。
2. 要有很强的服务意识，而不是只盯着收益。要提供耐心和细致的服务，建立良好的用户关系。通过服务的附加值，增加地推的成功率。
3. 避免过度承诺，不要为了完成推广而不顾及后果，要充分评估地推活动的潜在风险。
4. 有意识建立个人品牌。通过优质服务和诚信推广建立个人品牌，为后续新产品的推广打下良好基础。

网约车司机的城市导游梦

33岁的李智明，第一次感觉到生活的压力。在此之前，他虽然算不上富裕，一家人却也其乐融融。他只需要做好自己的工作，回家有热饭，家务也不需要太操心。赶上大家都有空的日子，一家人还能规划个长途旅行，当然，这就是有导游证的李智明的任务了。李智明很怀念这样的日子。现在公司受经济形势影响，不得不裁员，李智明因此失业了；他的父亲去年年底中风，母亲只能长期陪着父亲在康复医院进行康复治疗；他的妻子因为一场车祸，腿部骨折，长期在家，收入大打折扣。

李智明不得不在家、孩子学校、医院几个地方，像个陀螺一样来回转着。更关键的是，他越来越感受到了钱不够用的压力。

为了多挣些钱，李智明决定去开网约车，尽量多赚些钱。

跟妻子商量后，他把丈母娘接到家中照顾妻子和孩子，自己开始跑网约车赚钱。

然而，网约车并不像李智明想象的那么好开。网约车平台有各种规则，对于他这样的新来者来说压力很大。钱是能赚一些，但远远达不到让李智明满意的程度，这让他感到焦躁。为了增加收入，也为了更快达到平台的要求，他延长了自己的出车时间，每天早上6点出车，回到家，常常是夜里十一二点了。

李智明生活的城市算是江南地区一个著名的旅游城市，到了双休日，游客数量提升，生意会好不少。

一个周五的晚上，李智明接到了一对来旅游的小情侣。两人在车上兴奋地商量着两天的行程。李智明听得出来，他俩这次旅程属于临时起意，说走就走，加上对这个城市陌生，他们的规划可以说很混乱。到处打卡的行程，肯定也会影响他们的旅游体验。

“这个旅游计划，你们会很累的。”忍不住的李智明插话道，“如果你们不介意，听听我的建议，怎么样？”

“好啊！”小情侣正希望有人给他们好好规划。

“你们是想休闲游，还是想赶场拍照式旅游？”李智明一边开车，一边问着，“你们是喜欢多看看自然景观，还是喜欢了解人文景观？”

“师傅很懂啊！”小情侣笑着说，“我俩希望轻松点，走走看看逛逛，吃点好吃的。”

“这个，问我可就问对人了。”

接下来，李智明详细地给这对小情侣介绍了这座城市的特点，讲了不同景点的特色和历史，最重要的是给他们规划了两天的行程。

这份行程特别详细，比如先到哪个景点，这个景点有什么历史典故，应该怎么玩，再去哪里吃东西，然后坐什么交通工具去下一个景点……

李智明喜欢旅游，当初在学校时为了出去玩方便些，特意考了导游证。对于自己生活了33年的这座城市，他自信比许多正规导游更了解。

李智明滔滔不绝地说，后座的女孩子拿着手机不停地记。到了目的地，一份详细的两日游规划正好讲完。

“您说得真好，这比我们网上查的攻略可详细多了。”女孩看着手机里的记录高兴地说，“这可真是个完美的旅游攻略，我这样的旅游小白照着玩，都能玩得开心了。”

李智明得意地说：“我有正经导游证，而且我从小就在这里生活，这里的每条巷子我都走过。哪有好吃的、好玩的，我一清二楚。”

一直没说话的男孩这时说：“师傅，这个双休日如果我们包你的车，你给我们做导游，你愿意吗？”

李智明心里一惊：包两天车，这可不是小价钱啊！我反正是兼职，倒无所谓。

他马上表示了很愿意接这个活，跟小情侣谈好了价钱，互留了微信，约定了第二天会面的时间、地点。

接下来，李智明也不继续接单了，他开车回家，仔细思考着这件事。现在有许多人出来旅游不愿意跟旅游团，到一个陌生城市，无论事先做了多好的准备、看了多少攻略，总还是会遇到一些意想不到的事情，比如吃得不满意、住宿的地方太差、行程规划不科学等。这些事情会影响到大家的旅游体验。如果有一个人能提供车，提供旅游行程的建议，提供导游服务，又不过多干涉他们在每个地方的游玩时间，那这样的服务一定会受到许多人欢迎的。

接下来的两天，李智明尽职尽责地完成了自己的"专车导游"任务。小情侣对他的服务非常满意，结账时，他们说："像你这样的个性化旅游服务，肯定会越来越受欢迎的。"

"个性化旅游服务"这个词一下子击中了李智明的心，这不正是将自己最擅长的东西都整合在一块儿了吗?

接下来的一周，他了解了相关的法律法规，办妥了该办的相关手续，然后在一些旅游平台和论坛上发布了自己的信息。

生意没有这么快找上门，这一点李智明着急也没用。他继续开着网约车。不同以往的是，他在车上准备了许多自己做的"简易旅游攻略"，遇到外地游客，他就会将这份攻略发给他们，希望这份攻略能帮助他们在这个城市获得更好的旅游体验。

过了将近两周，他终于通过平台接到了自己的第一单生意。这是一家三口，一共四天行程，主打亲子休闲游。

李智明根据客户的需求，提前通过旅行社的朋友以内部价订好了酒店和景点门票。他平时出车时，根据客户的需求，提前了解了一些餐厅的情况，这次对热门的餐厅也进行了预订。

客户到的那天，李智明停了网约车平台接单，早早去洗了车，还在车内贴心地准备了晕车药、景点介绍资料、预订餐厅介绍等。

他提前到了火车站，傍晚时接到了这一家人。

李智明先介绍了自己的安排，再根据客户的需要进行了一些微调。带着他们简短看了看夜景、吃过晚饭后，他将他们送回预订的酒店休息。

接下来的工作非常顺利，一家三口在李智明的陪伴下度过了四天愉快的旅行时光。这四天内，他们坐着李智明的车，按照李智明预先计划的行程游玩了这座城市的景点，品尝了这座城市的美食。

离别时，他们非常满意李智明的服务，甚至说在这次旅游中的很多时候，他们会忘记李智明这个导游的存在，完全没有跟着导游玩不自在的感觉。

李智明松了一口气，让客户忘记导游的存在，是他在跟客户充分交流后给自己工作设计的定位。并不是每个人都愿意在一个陌生的城市跟一个不熟悉的人花太多时间进行社交。所以，他在服务这一家人的过程中，总是控制自己表达的欲望，安排好行程后，全程陪伴这家人，只在他们需要的时候才出现。这样的导游服务比全程讲解还要累。不过，在得到客户的赞扬、拿到不错酬劳的时候，李智明觉得一切都很值得了。

随着旅游旺季的到来，李智明的生意越来越好。他真正能做到为客户个性化定制旅游行程和服务，口碑慢慢形成。越来越多的人通过各个平台知道了他。

整个暑假，他几乎每天都要去火车站、机场接客人，然后带着他们按照事先制订好的计划，开启一段快乐的旅程。

在没有导游可做的日子，李智明继续开着网约车，他已经不再焦躁。收入提升后，他对生活重新有了底气。提供个性化的行程、绝对用心的服务，还有对这个城市的了解和热爱，李智明相信，自己这份导游兼职一定会做得越来越好。

如今，他干导游兼职已经快一年了。越来越得心应手的他，脸上也重新洋溢笑容。妻子的康复情况很好，已经重新回到了工作岗位。父亲也出院了，自己基本能自理了。

李智明相信，在生活中难免会遇到很多困难，有时候困难甚至会接踵而至，让人猝不及防，但是作为一家的顶梁柱，只要自己肯努力、肯动脑子，发挥自己的优势，困难总能克服。

翻身步骤

第一步：找到和自己主业匹配的机会，这些机会很大一部分来自主业服务的客人提供的信息。将这些信息汇总，并结合自己的能力、资源找到有差异化的优势。

第二步：进行资源整合。比如，李智明利用导游的专长为游客提供行程规划，利用网约车司机的身份提供用车。抓住个性化旅游兴起的机会，提供个性化服务。

第三步：办理相关手续，准备旅游攻略、资料，提升服务质量。

第四步：利用主业的服务升级形式，提供贴心周到的旅游服务，包括酒店和景点预订，激发客人对新业务的需求，从而产生新的服务营收机会。

第五步：通过优质服务获得客户好评，逐渐建立良好的口碑，然后在各个平台进行宣传，获得需求者的关注，让新服务能持续稳定地发展。

注意事项

1. 因为是个性化服务，所以服务质量很关键。要提供高质量的个性化服务，确保客户的满意度。
2. 因为是个性化服务，在服务前要充分考虑各种可能，制定应对策略，确保不会出现风险和事故。
3. 有意识地提高自己的知名度和信誉度，让自己的服务更具特色，让自己成为一个品牌。
4. 旅游服务业存在淡季和旺季，要调整好自己的预期，也要有面对客人刁难的事先准备和事后心理建设。

节假日的宠物守护者

在许多人看来，张萌萌是个幸运的人。作为一个内向的“宅女”，她工作的地方就在她家小区旁。每天早上，她只要提前半小时起床，就能保证自己不迟到。她干的工作也正是自己喜欢的，在一家宠物医院当一名“宠物护士”，整天和自己最喜欢的猫猫狗狗在一起。

张萌萌特别喜欢小动物，可是因为母亲身体的原因，家里从来不能养小猫、小狗。现在的这份工作，无疑满足了她对小动物的喜爱。她对工作特别投入，大部分时间她的工作是给小动物们洗澡、剃毛，或者在宠物医生给小动物看病的时候协助。在空闲时间，她都会主动看相关书籍，跟着宠物医生学习各种宠物知识。

这份工作对于张萌萌来说，除了收入低一些，简直可以说是完美。她最大的梦想就是开一家宠物店，跟喜欢宠物的人一起交流，分享宠物喂养的经验，让更多人知道怎样更好地与宠物相处，只是现在她的存款距离这个梦想实在太遥远。

她是个乐观的人，她相信只要自己继续努力，梦想总有一天会实现的。

暑假前的一天，一个老客户带着他的宝贝狗来宠物医院做检查。这条狗是这里的“常客”，张萌萌跟它已经非常熟悉了。老客户看上去有点心事，在宝贝狗做检查的时候，他一直紧锁着眉头。

张萌萌忍不住上前问：“你是有什么烦心事吗？”

“哎呀，这不要放暑假了嘛，我早就跟儿子说好这个暑假要陪他出去好好玩一圈，可是……”

老客户当然愿意陪儿子出去玩，可他放心不下自己的宝贝狗。以往他要出门，都会把狗送到他爸妈家。这一次，他爸妈也回老家了。寄养在朋友家，他又不愿麻烦别人；寄养在宠物店，他又怕自己的宝贝狗受委屈。随着旅游日子临近，他越来越愁。

“如果有个放心的人能每天上门帮忙喂喂，打扫下卫生，顺便带着遛遛，就好了。”老客户随口说道。

这句话仿佛一盏灯，一下子点亮了张萌萌追逐梦想的道路：是啊，假期里外出旅游、探亲的人可不少，这些人的宠物怎么办呢？如果我能帮助这些人，不是既能解除他们的后顾之忧，又能给自己增加一笔收入？

想到这里，张萌萌跟老客户毛遂自荐道：“你说的这些事情，我可以帮忙，只要你信得过我。”

老客户听完，马上露出了开心的表情，说：“你要是愿意，那就太好了，你专业而且你就住小区里，绝对信得过。只是这价钱……”

张萌萌也愣了，该提一个怎样的价钱合适呢？

老客户是个生意人，他给张萌萌认真分析了成本，然后双方定了一个合适的价格：每天上门一次，60元，服务内容包括喂食、喂水、遛狗、清理排泄物；如果需要洗澡，价钱另算。

老客户将备用钥匙交给了张萌萌。在老客户出门的日子里，张萌萌每天都会去他家完成约定的工作。为了让客户放心，她从进门开始就全程录像，然后存入自己的网盘，如果客户需要，可以随时查看。

15天的工作，张萌萌得到了1200元的报酬，其中300元是给狗洗澡的费用。虽然钱不算多，但张萌萌却很知足。客户对她的表现赞不绝口。

张萌萌以为，自己这个临时的工作会就此结束。令她没想到的是，客户在遛狗的时候跟小区里其他养宠物的人讲起了这件事，还不停地夸张萌萌专业、认真、负责。在他的大力宣传下，没多久，第二单、第三单生意接踵而至。

“原来这么多人有这样的需求啊！”张萌萌产生了一种被需要的满足感。暑假2个月时间，她一共接了8单上门照顾宠物的生意，给她带来了1000

多元的收入。

对张萌萌来说，每单生意就是下班后多花一个小时。这一个小时跟自己喜爱的小猫、小狗在一起，她不会觉得时间难熬、工作辛苦。

暑假过后，她感觉这可以成为自己的一项长期兼职。宠物医院的老板似乎对她做这个兼职也没意见。毕竟很多客户都是自己抱着宠物到宠物医院找她的，这给宠物医院也带来了不少生意。

张萌萌决定，不再等生意上门，而是主动出击。她印制了许多宣传单，上面详细写明了上门照顾宠物的服务项目和价位。每天下班后，她都会到小区遛狗比较集中的地方发放宣传单。

整个9月，上门照顾宠物的生意很冷清，张萌萌一共只接到3单生意。正在她以为自己这个兼职也许没那么大市场的时候，没想到，在9月底，她的手机几乎被打爆了。

一共有20单生意，照顾的宠物各式各样。其中，小猫、小狗最多，有15单，这是张萌萌熟悉的。剩下的5单，有松鼠、鹦鹉、热带鱼、蜥蜴。对于这些动物，张萌萌认真查了资料，请教了专业的人才敢接。

生意暴涨是因为十一假期很多人都有出游的计划。整个十一假期，同样放了假的张萌萌却比上班还累。她从早上7点开始，就要奔波于不同客户的家。20把钥匙，她要小心保管；不同的宠物，她要细心呵护。

每天一直要忙到晚上九十点，为了减轻自己的负担，她把男朋友也发动起来。不过她很小心地保持分寸，只让男朋友在楼下等。她把喂食、喂水、清洁这些室内的工作都完成后，带着狗下楼，将狗交到他手里，让他帮忙遛狗。张萌萌自己则会赶往下一个客户家，继续工作。

她男朋友有丰富的养狗经验，这点她很放心。室内、室外工作分开，是她想到的更好统筹时间的方法。不让男朋友进客户家，因为让他帮忙是临时起意，当初约定的就是张萌萌自己进客户家。

虽然忙到脚不着地，但张萌萌去没有监控摄像头的客户家时依旧不忘每次都全程录像。晚上回到家后，她还会将视频上传到网盘，并且给每个视频都加上密码。她把密码发给客户，这样客户就能第一时间看到自己爱宠的状态了。

有一个客户的戒备心比较重，为了让他安心，张萌萌从进屋的第一时间就开始跟客户进行全程视频直播。

交还钥匙的时候，张萌萌会根据自己对宠物的观察，将整理好的喂养小建议打印好，交给宠物的主人。

十一假期，张萌萌发了笔小财，连续七天的忙碌也让她累得够呛。

不过令她感到欣慰的是，这20单是真正的零差评。她在附近养宠物的人中一下子打出了名气。

接下来的日子里，她的生意虽然没有再像十一假期这么火爆，但细水长流，每天的生意倒没有断过。

她居住的小区是附近规模比较大的一个。小区里有几千住户，养宠物的不是一个小数目，有节假日上门喂养宠物需求的不少。

没多久，其他人也发现了这个“金矿”。他们用更低的价格跟她抢夺这个市场。不过，张萌萌始终没有降价。

说来也奇怪，小区里的大多数人想到找人上门喂养宠物的时候，还是会首选张萌萌。问他们原因，他们说张萌萌就是这个小区的，放心。她在宠物店工作，肯定更专业。更重要的是，她认真负责，是真心喜爱小动物的。多花一点钱，让自己更放心、更安心、更省心，这样的事情合算！

如今的张萌萌每天完成宠物店的工作后，都会花一两个小时去做自己的兼职。那些她服务过的客户，宠物如果有问题，也会首选到她工作的宠物店。按照他们的说法，有张萌萌帮着看自己的宠物，放心！

自从做了这项兼职之后，张萌萌已经一年多没出去旅游了。毕竟假期是她生意最好的时候，不过对于本来就不爱离家太远的她来说，这算不上什么大问题。每天跟自己喜爱的宠物们在一起，还能赚钱，还有比这更幸福的吗？

翻身步骤

第一步：要做有心人，新的机会不一定会存在于已经成为常态的职业中。大众的需求总是会随着时代的发展而变化，所以有心人要在生活中注意一些新的需求。当然，每个人的注意力都会和自己的喜好、擅长相关，一旦发现自己能力范围内的机会，就要积极主动地抓住。

第二步：从有信任度的客户开始，同时积极建立规范的工作流程和工作方式，增强客户的信任度。比如，通过优质的服务、全程录像和实时视频让客户彻底放心。

第三步：通过老客户的推荐获得更多的业务机会。主动印制宣传单，在宠物店和小区进行宣传。

第四步：面对竞争，坚持自己的服务质量和专业性，并进行业务升级，提供喂养建议，及时发现宠物的健康问题，增加服务附加值，以便长期维护老客户关系，同时发掘新的商机。

注意事项

1. 获取客户信任是第一重要的。业务要从信任的客户开始，接下来就要通过透明化的服务流程、优质的服务质量、增加服务附加值来建立和维护客户的信任，持续经营。
2. 始终保持高标准的服务质量，确保宠物得到妥善照顾。保证客户家中的安全，尊重客户的隐私。
3. 不断学习宠物护理知识，提高专业水平。

云上的杂货铺传奇

张洪强今年35岁，在他看来，他就是许多人眼中典型的“失败中年”，没有结婚，没有自己的房子，现在连一份稳定的工作都没有了。

他原本是个出租车司机，这份工作很辛苦，虽然没有特别高的收入，但对于学历不高的张洪强来说，能保证他在这个城市中衣食无忧地生活。

今年年初，他开车时突然感觉到一阵严重的眩晕，差点出事故。到医院一查，医生说是耳石症，以后他不能再从事出租车司机这个职业了。

失业后，亲戚给他介绍了一份地铁站台安全员的工作。这份工作不累，只是收入还不到原来开出租的一半。

在度过了失业、重新就业的消沉期后，张洪强开始思考自己接下来的生活。

收入跳水，让他无法再维持原有的生活质量。他需要想办法开源节流，好好规划自己的生活。

他现在住在奶奶留给他的一套房子里。奶奶年纪大了，长期住在养老院。两室一厅的房子，他将其中一室租给了当初开出租时的搭档。每月1500元的房租，多少能贴补家用。

地铁站台安全员的工作是一天上早班，一天上夜班，一天休息。这样的作息，让他有比较多的能够自由支配的时间。他想：如果能找到一份靠谱的兼职，或许也是一个选择。

还能做些什么呢？他思考了很久。

这一天，他跟往常一样，在高峰时期的地铁站台引导着人流，听见两个去上班的人在等车时闲聊：

“我家住22楼，有时候忽然想要买点东西，真的不方便。下楼去超市吧，一来一回，起码20分钟。叫跑腿，至少半小时，而且还要加钱，贵得要死。”

“就是呀！有时候烧饭，发现少了东西，真的让人烦躁。”

听着两个人的抱怨，张洪强有了一丝灵感。他居住的小区有12幢25层的居民楼和1幢商务楼。小区内没有超市和小店，居民们买东西要么网购，要么就去小区外的菜市场和超市。

在小区里直接开一家小店，对于张洪强来说不现实。一来他要上班，没法长期守店；二来他也无法承受高昂的房租。

张洪强心想：既然居民们都习惯于网上购物，那开个网上的超市是不是会受到欢迎呢？

回到家，张洪强立刻找到自己从事计算机工作的表弟，询问起在网上开一个小超市，服务于小区居民要做些什么。

表弟的回复令他喜出望外，原来一切比他想象的要简单得多。注册微信小程序，找一些专业制作小程序的网站，选择合适的模板制作自己的小区云超市，然后上传可以卖的商品，一个简易的小区云超市就完成了。

不过，接下来的推广、销售、进货就是比较难的了。

为了压缩初期的运营成本，张洪强虽然上线了许多商品，却没有进一件货。他将自己好久没骑的电动车找了出来。只要有订单，他就骑着电动车去附近买好，然后给客户送去。

最初的定价，张洪强也完全是根据附近超市来定的。他想通过第一个月的运营了解小区居民对商品的需求，然后有针对性地进货。

在推广方面，除了在小区群内进行自我介绍、发推广链接，印制一些宣传单在小区发放外，他还请住在同一小区并担任小区广场舞队长的母亲协助。通过母亲帮忙宣传，小区内的许多家庭很快就注册了张洪强的小程序。

上班的时候，张洪强的父亲会来帮他接单、送货。父母看到儿子能调整状态，重新投入到一件事情中，内心感到很欣慰。

一个月后，张洪强对订单进行了统计。30天一共收到42个订单，平均每天1.4个，商品主要集中在调料、零食、饮料上。销售额共827元，虽然这个数字不是很让人满意，但一个月的试营业让张洪强确定了一点，即小区云超市在他们小区是符合部分居民需求的。他要做的是寻找更多合适的商品，激发居民的购买欲望；宣传自己的小超市，让更多居民在有需求的时候来看一看、选一选。

于是，他双管齐下，利用自己的空余时间，一面寻找合适的货源，一面在小区群、朋友圈里努力推广自己的小区云超市。

经过一段时间的努力，张洪强的小区云超市总算有些起色了，小区中的不少居民注册了他的小区云超市的小程序。他们进行大批量的采购时，还是会去超市或菜市场，可对于一些应急性的购买需求，选择小区云超市的越来越多。

几个月下来，张洪强的销售额已经能达到每月三四千了。虽然真正的利润并不高，可他相信，随着大家慢慢适应这种打开手机下个订单，10分钟就能送到家，还不额外收取费用的模式，会有越来越多的订单涌向小区云超市。

说白了，现在这个阶段，是为小区居民提供便利来增加小区云超市的销售额。大多数人工作了一天，身心俱疲地回到家里，如果发现有一些东西需要用但家里却没有时，是不愿意再出门奔波一次的。以前没有更好的办法，现在有了小区云超市承诺的“轻轻一点，一刻到家”，谁还会愿意为了一瓶酱油、一瓶醋特意跑一次呢？

下一阶段，张洪强就要利用居民们的“习惯”来增加销售额了。如果大家已经习惯了小区云超市的便捷，且产品价钱也基本和小超市持平，他们就会习惯于顺手在这里买点东西。

那么在下个阶段，该靠什么吸引居民呢？

租住张洪强房子的出租车司机老王看他整天忙忙碌碌的，有一天回来忍不住抱怨道：“你现在不开出租，看上去比以前忙多了。我们现在就惨了，生意一落千丈。”

因为网约车的红火，出租车的生意受到很大的影响，这给了张洪强一丝灵感。网约车确实可以更方便、更便宜，可出租车也有一个优势：如果相互信任，出租车司机是可以和客人商量价钱的，长期合作，价钱可以协商。

他把这个想法跟老王聊了聊。抱着试试看的心态，他们协商了一个有诱惑力的折扣价，挂在了小程序上。

没想到很快就有居民下了订单，是一个家长想找一辆长包车，送孩子上学。最重要的是，司机要信得过。老王住在小区内，还有张洪强背书，这单生意很快就成功了。

张洪强由此找到了一个新的增长点——服务。他开始根据小区居民的需要寻找合适的服务。

钟点工、管道维修、一对一家教、电器维修……每上一个新服务品种前，张洪强都会对相关从业人员仔细进行审核，甚至还会让熟悉的人雇他们上门服务，试探一下他们的态度和水平。只有他真心认可的，他才会放到小区云超市上。

针对小区内老人多、看病麻烦的问题，张洪强还特意联系了一些专业的导医、陪诊人员，这受到了许多子女上班忙碌、老人又不熟悉现在就医流程的家庭的欢迎。

对于服务类产品，张洪强收取一个中介的费用。因为他把关严格，经营半年几乎零差评。

由于服务类产品受欢迎，还带动了其他商品的销售。张洪强知道，这已经到了小区云超市的第三阶段——通过信任赚钱。

对于大多数家庭来说，购买一些进入家庭的服务，最大的阻碍就是信任感。以前他们要找个包车、雇个保姆或找个家教之类的，花在相互了解上的时间成本是相当高的。网上一些平台的口碑越来越差，一个个去了解，实在耗时耗力。现在，他们只要信任张洪强，一切问题就迎刃而解。

这也让张洪强压力重重，他必须对得起这些信任，对得起自己的承诺。

如今，张洪强一家都投入到小区云超市的运营中。张洪强下班回来就更新网页，寻找新的产品；母亲和父亲就帮着他接单、送货、宣传。一家人虽然比以前忙了许多，可日子也过得更加充实。

张洪强暂时不会放弃地铁站台安全员这份工作，毕竟这份工作能够帮他交社保，工作也不累。可随着小区云超市的生意越来越好，将来会怎样，他确实需要好好筹划筹划了。

翻身步骤

第一步：仔细分析自己的优势。比如，张洪强找到了自己的优势，即灵活地安排时间。大部分人都拥有这个优势，无论怎样，我们总会拥有自己的时间。问题是，我们如何利用好自己的灵活时间？

第二步：做好市场调研。张洪强考虑到自己居住的小区没有超市，居民购物不便。如果按照传统模式开超市，需要门面、进货等，投入会很大，所以他选择订货，就近帮助居民购买的模式。

第三步：通过小区群、朋友圈、宣传页等方式推广云超市。通过母亲的广场舞队进行宣传，增加小程序的注册用户。

第四步，要及时提示服务内容，从卖商品到卖服务，真正抓住客户的“痛点”；同时将简单的商品买卖升级为建立在信任之上的“居民之友”，增大经营的可能性。

注意事项

1. 要深入了解社区居民的实际需求，为他们提供符合需求的服务。
2. 初期要通过零库存方式来降低成本，避免资金压力。
3. 针对小区用户老人居多，要确保小程序的用户界面友好，方便居民使用。
4. 云超市是建立在信任之上的商业行为，必须对提供的服务严格把关，确保服务质量，以赢得客户的信任。
5. 重视客户的反馈，及时调整服务内容和运营策略。

第二章
文字书写的人生传奇

从快递小哥到畅销书作家

陈全之对自己每天的生活感觉到麻木。他早上骑上车，就开始在大街上的车流、人流里穿梭。风来了，就迎着风；雨来了，就淋着雨。大家都躲着大太阳，陈全之却觉得没什么必要，因为都已经包裹在统一的制服里了，头戴着头盔，虽然躲得了火辣辣的阳光，但是丝毫不影响热得汗流浃背，所以有什么躲的必要呢?

就连遇到难搞的客人提出一些不合理的要求，陈全之也不怎么生气，要么能顺手做就做了，要么就笑笑转身离开。

陈全之的收入在同事们当中并不算高。白天奔波10个小时以上，晚上回到出租屋。同住的人有的去路边摊烤串加啤酒，犒劳自己；有的无所事事地躺在床上刷手机，消磨时间。曾经有段时间，大家喜欢凑在一起打牌，喊过陈全之好几次，陈全之都不跟他们去玩，也就没有人再叫他了。

陈全之每天下班都是披星戴月的。他会先弄点东西吃填饱肚子，然后洗洗涮涮，就躲回自己的角落，掏出几本书读起来。连一起住的同屋都觉得有一堵看不见的墙，把陈全之和大家隔离开来。大家说不好是什么感受，觉得陈全之装读书人。

每次换地方、换工作、换一波室友，陈全之都会先被奚落一番，甚至捉弄一番，然后被大家排挤，或者见怪不怪地熟视无睹了。

而陈全之却不觉得那是什么看不见的墙，而是一个通道——当他拿起书的时候，随着书页的翻动，他就可以逃离身处的境地，来到一个新的世界，暂时忘记工作的辛苦和生活的迷茫。

具体是从什么时候开始读书的，陈全之已经记不清了，但是有一个人，他是记得比较清楚的，那就是《麦田里的守望者》中的霍尔顿·考尔菲德。中学的时候，霍尔顿·考尔菲德变得叛逆，他的内心充满沮丧、沉重、激荡和哀怨，这种情绪让陈全之感同身受。霍尔顿·考尔菲德对学校的教条式教育不满，对社会愤世嫉俗，让陈全之感慨。《麦田里的守望者》这本书，陈全之买过很多次，因为他居无定所，总是搬来搬去，所以总是会把书弄丢。当他发现书被弄丢时，他就会再买一本。书中的故事他早就烂熟于心，后来他买《麦田里的守望者》不再是想读，而是已经变成了一种习惯，或者是一种象征。

再有一些书中描写的推销员、侍者、理发师、清洁工等小人物的失败、绝望、挫折和贫困，让陈全之也产生了一种共鸣。中专毕业后，陈全之在北京、广州、上海、大理、南宁等好几个城市辗转，做过很多工作，但他觉得这些工作都只是某种徒劳的重复，总是一次次让自己陷入不堪重负的境地，然后被迫逃离。这也让陈全之看到了和自己一样的人，被社会挟裹，身在城市，却与城市的现实格格不入，产生一种对人生的幻灭感。

也许是因为觉得自己和大家不一样，陈全之对社交的恐惧变得更加严重。他害怕与人交流，担心提出要求或拒绝不合理的请求会得罪人，害怕无法判断他人笑容背后的真实意图。他后来找的工作，基本上都是在不同的快递公司或者外卖公司之间跳转。

陈全之认识到自己的现状后，开始反思自己的行为模式和思维方式，试图找到与这个世界和平共处的方式。他发现不停地更换城市和工作并不能有真正的改变，意识到自己需要一种更健康的心理状态来面对生活和工作中的挑战。

有了这种对现实的认知，陈全之感受到了前所未有的孤独与无助。在那些漫长的不眠之夜里，他开始用文字记录下自己的所见所感。从此，除了阅读，文字也成了他心灵的避风港，让他在纷扰的世界中找到了片刻的宁静。

起初，陈全之写作只是出于自我疗愈的需要。每当夜深人静时，他便会坐在昏黄的灯光下，拿起笔和纸，将心中的思绪化作一行行文字。那些文字或喜或悲，或怒或哀，都真实地反映了他内心的情感波动。他写下了自己在城市中的挣扎与奋斗、孤独与渴望；他写下了与朋友们共度的欢乐时光，以及那些难忘的瞬间；他还写下了对家乡的深深思念，以及对未来的美好憧憬。这些文字如同一股清泉缓缓流淌进他的心灵深处，给予他力量和勇气。

他用文字构建了一个属于自己的世界。在这个世界里，他可以自由地呼吸，可以无畏地表达。

随着时间的推移，陈全之不再满足于仅仅为了生计而工作，他渴望通过写作来实现自我价值。他开始在网上发表自己的作品，虽然起初并未获得广泛关注，但这些作品成为他情感释放和自我表达的渠道。他的真诚的文字打动了网上的读者，他们纷纷给予他鼓励和支持。这些反馈让陈全之更加坚定了自己的写作之路，他决定将这份爱好发展成为自己的职业。

于是，陈全之更加专注地投入到写作中。他利用业余时间阅读各种书籍，不断丰富自己的知识；他参加写作培训班，向专业人士学习写作技巧和方法；他还积极向各大杂志社和出版社投稿，希望自己的作品能够得到更广泛的认可和传播。

而真正的转机，却来自一次长达数月的失业空档时间。在那期间，陈全之像许多打工者一样，面临着生活的困境，但也让他有了更充足的时间来写作。他把这些随笔发表在网上，其中一篇名为《我当夜班外卖小哥的一年》的文章在网络上迅速走红，引起了广泛的关注和讨论。陈全之的文字有着一种独特的力量。他用第一人称视角，记录下自己在夜晚送外卖的生活经历。他的文字，没有华丽的辞藻，没有夸张的情感，只有平实的叙述和深刻的反思。

陈全之的文字，不仅是他个人经历的记录，更是对这个时代打工人群的深刻洞察。他用笔描绘了他们的日常生活、他们的情感世界、他们的喜怒哀乐。他的文字像一面镜子，映照出这个时代打工人的生活状态。他们辛勤工作，却鲜少有人关注；他们默默付出，却很少被人理解。他的文字像一股潜流，穿透了社会的表象，触及人心深处的柔软，又如一股清流般冲刷着人们的心灵，让人们重新审视自己的生活和价值观。

随着文章走红，陈全之的名字传遍了大江南北。他收到了来自四面八方的信件和留言，人们纷纷表达对他的敬佩和感激之情。他们说陈全之的文字让他们感受到了生活的温度与力量，让他们重新找回了对生活的信心和勇气。这些反馈让陈全之感到无比欣慰和自豪。他意识到自己的写作不仅仅是一种自我表达的方式，更是一种能够影响他人、传递正能量的方式。

这篇文章意外爆火后，陈全之从一个默默无闻的打工者变成一名网红，并以此为机缘，他的作品《我的快递员生活》正式出版，将那些游走在城市边缘的人群推进了公众的视野。

图书的出版让陈全之有了真正改变自己的契机，他换了一个城市，开始全职写作。他用笔记录下这个时代的另一副面孔，记录下那些被忽视的打工人的生活。他的文字像一束光，穿透了夜的黑暗，照亮了人心。

陈全之在打工中体验生活，在写作中反思生活。他用打工的辛勤汗水浇灌着写作的土壤，用写作的深刻思考丰富着打工的内涵。他的每一次选择、每一次努力，都在不断地塑造着他的身份，让他在双重身份的挣扎中找到了自己的价值和意义。

翻身步骤

第一步：要对自我有一个清醒的认知，对来自精神层面的痛苦有所了解，反思自己的行为模式和思维方式，寻找与世界和平共处的方式。

第二步：坚持阅读，从而不断丰富自己的知识，开阔自己的视野。

第三步：从记录自己的所见所感开始，将内心的思绪化作文字，作为自我疗愈的方式。

第四步：利用互联网平台，比如微信公众号、豆瓣、小红书、微博等，公开发表自己的作品，就算一开始未获得广泛关注，但可以成为自己释放情感和表达自我的开始。

第五步：从发表作品中获得反馈，同时进行专业提升，参加写作培训班，向专业人士学习写作技巧，提升自己的写作水平。

第六步：把握机遇。当文章在互联网有了高热度时，完成自己作品的专业出版。有了这个基础，就可以翻身做全职作家。

注意事项

1. 在追求改变的过程中，保持对自己的忠诚，不因外界的压力而放弃自己的兴趣和追求。
2. 不断地学习新知识和技能，以适应不断变化的世界。
3. 面对生活中的挑战和困难，保持积极的态度，寻找解决问题的方法。
4. 在追求职业转变的过程中，注意心理健康，必要时寻求专业帮助。
5. 抓住每一个可能的机会，哪怕是小小的突破，也可能成为改变命运的关键。
6. 成功往往需要时间的积累，保持耐心，坚持不懈地努力。

自媒体“大咖”的崛起之路

王杰宥、马涛、朱宁三个好朋友住在一间屋子里已经有六年的时间了。

大学期间，他们就是一个专业的好哥们、好室友。大学毕业后，他们选择留在这个城市工作。为了节约开支，他们合租了一个两室一厅的房子。

王杰宥在一家游戏公司做游戏策划，马涛在一家外企做文案，朱宁则去了一所中学当语文老师。三个学中文的好哥们每天奔忙于单位与家之间，连一起喝酒吹牛的次数都减少了。

“我们是不是该一起做点事情？光靠工资，我得什么时候才能买得起房？”一次聚在一起喝酒吹牛的时候，王杰宥忽然说道。

他这句话触及了两个好兄弟的伤心处，他们都觉得王杰宥说的有道理。“可是要一起做点事，该做什么呢？”

王伙宥说：“咱们都是学中文的，舞文弄墨是咱们的专长，靠这个专长能做些什么呢？”

“要不，我们做自媒体吧！”马涛说。

“读书、讲书、推荐书咋样？”朱宁提议道。

这个提议立马得到另外两位的赞同。他们三个都爱看书，也善于看书，做自己擅长的事情肯定要比做陌生的好。

于是，他们三个酒也不喝了，当场商量起来。王杰宥剧本写得又快又好，还有不错的摄影摄像水平；马涛看书速度快，而且记忆力超强，看过的书即便过了很长时间也依然记得；朱宁口才出色，长于表达，人长得也精神。三个人各自发挥自己的特长，一个自媒体的核心团队就这么组成了。

他们先一起做了个公众号，坚持三个月，每天都更新，推荐图书，讲述图书背后的故事，解读精彩段落。他们能想到的都做了，可是点击率一直不上不下。他们要想靠这个赚钱养活自己，纯属白日做梦；可要就此放弃，他们又有点不舍。

“你们的内容不错，为什么不做成音频或者视频？”一条读者留言，瞬间给他们带来了新思路。

的确，他们虽然都擅长笔杆子，可这是一个碎片化阅读的时代，他们写得很好，但对很多读者来说，有些作品实在太长，注定在这个时代缺少足够的关注。而且他们现在也学会了一个新媒体的流行词——“矩阵”，假如多种形式、多平台、多账号地发布作品，或许还能起到相互引流的作用。

于是，他们坐下来重新讨论了一下现在存在的问题，以及接下来该怎么做。

首先，他们目前的公众号的内容针对性不够。文学名著、流行书籍、儿童书籍、网络文学、专业书籍等，只要他们觉得好的，他们都会一股脑儿地在公众号上写文推荐，导致目标人群不够精确。

对此，他们决定细分几个环节，分别针对市场较大的网络小说、教育书籍、女性读物、经典书籍再开几个号。这些号的介绍一定要精简，每个号都要有自己的特色，相互之间可以有一些交叉互动，形成读者的流动。

其次，如果做视频号和音频号，肯定会牵涉到设备的投入和精力的分配问题。他们都有工作，能不能坚持完成定期更新？

对于这一点，他们很快达成了共识：既然决定做这件事，就坚持下去。长得不错、声音好听的朱宁负责录制音频与视频，王杰宥负责技术处理和内容定稿，马涛负责前期的内容选择。他们决定先做一个视频主号和一个音频主号，然后王杰宥用短视频生成器做几个简单的读书号和荐书号。这些号一定要互相引用内容，并且注明出处，以达到相互引流的效果。

最后，推广是需要的。他们现在缺少资金，砸钱引流之类的，他们肯定承担不起，他们需要用物美价廉的方式来推广，所以只能从拉拢身边人做起，然后慢慢凭借内容质量扩大受众群。

讨论完后，他们又信心满满地重新投入到战斗中。

一个周末的时间，他们设想的那些号就已经建好，视频号、音频号的设备也都买了回来。三个人一人占一个房间，开始专注于自己要做的事情。

每天下班后，三人都会第一时间赶回家。马涛专心看书，然后撰写各本书的内容简要和关键吸引点。王杰宥根据马涛的内容编写适合音频、视频讲述的文字。朱宁录视频和音频。三个人如同一条流水线，有条不紊地运行着。六年的默契在这一刻充分体现，好兄弟在一起做事情高效又开心，哪怕每天都要忙碌到夜里一两点，他们也毫无怨言。

在推广上，三个人各出奇招。朱宁在自己的视频号和音频号中，选取适合学生看的书籍内容发到朋友圈，吸引家长点击。马涛除了朋友圈，还会在各个群里求关注、求转发。王杰宥主打网络营销，在各个主流网站上，针对相似主题不断发自己的视频号。他们还会额外关注一些热点事件，然后想方设法地寻找相关图书，蹭热点、蹭流量。

方法看上去无比笨拙，可对于缺少资金的他们来说，这却是最好也是最实际的办法。

他们坚持了4个月后，6个公众号、3个音频号、4个视频号的关注人数都突破了1万，最多的那个视频主号的关注人数已经到了10万。这4个月里，他们已经疲惫不堪。好在朱宁的暑假来了，他承担起了更多的工作，马涛和王杰宥可以稍稍喘一口气。

在这大半年的时间里，通过做自媒体，他们已经有一笔相对稳定的收入了。虽然这笔钱并不多，但对于改善他们的生活还是能起到很大的帮助作用的。

幸运的是，他们被一家出版公司看到了。对于出版公司来说，他们三人的自媒体文案水平很高，他们对图书的理解和介绍也相当到位。同样一本书，他们总能找到大家感兴趣的角度进行介绍和解读。在这方面，他们做得甚至比许多专业公司还要好。

出版公司在数字化的冲击下，效益越来越差，他们一直在尝试着寻求新的方式突围。在看到他们仨之后，出版公司立即联系了他们，想要试着合作一下。

第一次合作，双方都是小心翼翼的。出版公司提供了足够品种的图书，三人第一次尝试了直播卖书。

这次直播卖书的效果比双方预想的好很多。三人设计了许多种方式，最后还是决定用平时三人相处聊天的方式，在嬉笑怒骂间讲着故事、说着笑话，来吸引观众。

他们选择这样的方式，只是因为这样他们更放松。万万没想到，经过出版公司的引流，直播效果竟然出奇地好。

直播结束时，出版公司很满意，三人对酬劳也很满意。

这场成功的直播又为他们打开了一扇窗。在这之后，他们定期策划这样的三人聊天似的直播。在三人的记忆中，他们这么聊天，就好像曾陪伴他们大学时光的经典节目《锵锵三人行》。

后来，新冠疫情暴发，三个待在家里的人干脆每天都开直播。那些居家的人也越来越爱看这三个男人东拉西扯了。

疫情期间，他们的关注人数、直播热度获得了空前提高。在2021年，一家投资公司找到了他们，想要投资他们，帮助他们扩大经营。

面对投资公司给出的数字，三个人脸上强装镇定，但心里已经乐得快要起飞了。他们仔细商量了一夜，决定接受这笔投资。王杰宥和马涛决定辞职，全身心投入到属于他们的自媒体公司的运营中。朱宁暂时还不会辞职，他的学生正读初二，他希望能将这批学生教到毕业，再全身心地投入到公司中。

在拿到投资的那天，三个人兴奋地抱在一起。

“新媒体‘大咖’，从今天开始，就要崛起了！”王杰宥激动地说。

现在，他们的公司成了规模颇大的新媒体公司。虽然离他们设想的新媒体‘大咖’还有距离，但他们通过自己的努力已经在这个行业中拥有了一席之地。

回看自己的经历，要是你问他们有什么值得跟大家分享的经验，他们一定会这么回答你：“发挥自己的特长，并且坚持下去。”

翻身步骤

第一步：确定方向，并决定利用自己的专长（如写作、摄影、口才等）来创建自媒体内容。

第二步：建立公众号、视频号、音频号等，选择适合自己内容的平台。

第三步：明确目标受众，细分市场，为不同的读者群体提供定制化内容。

第四步：除了文字，还可以制作音频和视频内容，以适应不同读者获取信息的习惯。

第五步：组建团队，分工合作，提高内容生产效率。

第六步：定期更新，以吸引和保持读者的关注。

第七步：通过内容引用增加账号间的互动，实现相互引流。

第八步：制定有效的推广策略，利用社交媒体和网络营销吸引关注。

第九步：利用一些机会变现，包括流量广告、平台任务、定制推广、带货等。

注意事项

1. 注重内容的质量，确保提供有价值的信息。保持内容的原创性，避免抄袭。确保所有内容符合相关法律法规。
2. 关注热点事件，结合相关内容制作热点话题，增加曝光率。
3. 尊重他人的知识产权，避免侵权。
4. 要定期进行市场调研，了解读者需求和市场趋势。
5. 自媒体的成功往往需要时间和努力，要有持久的耐心和毅力。
6. 制定清晰的发展规划和目标，有计划地推进自媒体项目。

短视频里的故事大王

赵小卷是一名普通的办公室职员，日常工作平淡无奇，工作稳定，也没有竞争压力，唯一的缺点就是工资待遇不高，以她现在的工资收入，都没办法支持她每周看一场电影。但好在现在是数字时代，买几个会员就能刷到不少好剧，给她减轻了不少压力。

赵小卷虽然除了喜欢看电影、读小说，也没有什么别的消费爱好了，但现代社会谁不想多赚钱呢，何况是赵小卷这么一个时尚的小女生。

她为此苦恼：换个工资高的工作，自己能力不够；找个靠磨时间和体力的兼职增加收入，自己也不愿意，想寻个自己喜欢、轻松又能赚钱的兼职可并不是那么容易的。

有一天，在刷一个短剧的时候，赵小卷被主角无脑的行为气得恨不得把手伸进屏幕去扇他，她不仅骂剧中人物，还骂编剧。此情此景，同伴们虽已见怪不怪了，但这次她实在太唠叨了，听不下去的同伴便吐槽她："你行你上啊！那么多意见，不如自己去写一个。"

"没钱谁干？我要写，肯定比他们写得好！"赵小卷气呼呼地回应道。她自小酷爱阅读，尤其偏爱那些情节曲折、引人入胜的小说。每当夜深人静时，她总会偷偷翻开那些泛黄的书页，让心灵在文字构建的幻想世界中遨游。那些精彩绝伦的故事仿佛是一道道璀璨的星光，照亮了她的童年和少年时期的梦想之路。但现实是残酷的，大学毕业后，她进入了这家大型企业做文员，日复一日的工作渐渐消磨了她的激情与梦想。可有些爱又是深入骨髓的，她内心深处对文学和故事的热爱就像一颗深埋在土壤里的种子，即便经历了寒冬的冰封，依然顽强地等待着春天的来临。爱边追剧边吐槽的赵小卷，脑海中常常会不由自主地浮现出各种各样新奇独特的故事情节。她总觉得按照自己的构想发展，故事才会更加引人入胜。所以，她说出“比他们写得好”的时候，或许并非一时的意气之语。

“那行，你要真能写出个能让我们看了不吐槽的故事来，下个月的早餐，我全包了！”同伴半开玩笑半挑衅地说道。

“这是你说的？为了早餐我也必须写。”赵小卷的好胜心被彻底激发，她决定接受这个看似玩笑的赌约。

当晚，赵小卷就迫不及待地打开电脑，新建了一个文档，手指轻放在键盘上，仿佛即将开启一段充满未知的冒险之旅。然而，理想很丰满，现实却很骨感。起初的写作过程并不像她想象中那般顺利，她发现自己脑海中那些精彩纷呈的情节，一旦试图落实到纸上，就变得混乱不堪、毫无头绪。

赵小卷感到无比沮丧和困惑，仿佛迷失在一片没有方向的迷雾之中。但她这次却意外地没有放弃。她开始大量阅读经典的小说和优秀的剧本，不再当看客吐槽，而是仔细研究其中的故事结构和人物塑造技巧。每当夜深人静，别人都在享受美梦时，她却在台灯下埋头苦读，手中的笔不停地在笔记本上记录着那些宝贵的创作经验和灵感。

为了更系统地提升自己的写作能力，她还不惜花费自己本就不多的积蓄，报名参加了各种线上写作课程。在上这些课时，她认真聆听专业老师的讲解，积极参与课堂讨论和作业点评。每一次的进步，哪怕只是一点点，都让她感到无比欣慰和满足。

在不断学习和探索的过程中，赵小卷逐渐意识到，想要写出一个引人入胜的好故事，不仅要有精彩的情节，还要深入思考如何设计角色才能更具吸引力。丰满立体、性格鲜明的角色，能够让读者产生强烈的共鸣和情感联结。她开始仔细揣摩人物的内心世界，为每一个角色赋予独特的性格特点和成长背景。

同时，如何让故事发展中的冲突更加紧张激烈也是至关重要的。她学会了在适当的时机引入矛盾和危机，让读者的心始终被紧紧地揪着，迫不及待地想要知道故事的发展和结局。而反转剧情的巧妙设计，则能给读者带来意想不到的惊喜和震撼，让整个故事更加精彩纷呈。

不仅如此，赵小卷还在心中模拟剧情。作为资深的票友，她深知在短视频盛行的时代，一个好的故事不仅要在文字上引人入胜，还要具备视觉化呈现的潜力。于是，她用心研究如何让视频的前几秒吸引观众的注意力，如何把控节奏才能让观众始终保持高度关注，以及如何设计互动环节，从而增强观众的参与感和沉浸感。

经过三个月的不懈努力，赵小卷的剧本终于初见雏形。她精心选择了一个自己熟悉且充满魅力的故事背景，创造了一群个性鲜明、栩栩如生的角色，编织了一个充满悬疑和浪漫爱情元素的动人故事。当她怀着忐忑的心情将剧本拿给同伴们看时，大家一开始还带着几分调侃和怀疑的态度。但渐渐地，她们被故事中的情节吸引，完全沉浸其中，甚至开始迫不及待地期待下一章节的内容。

初试小成，赵小卷沉浸在创作的喜悦中。同伴说："小卷，没想到你还真有点创作天赋。你投稿去吧，说不定哪天我们真能在手机里追到这部剧！"这一次，同伴没有开玩笑。

与此同时，一个契机悄然降临。公司组织了一场关于新媒体的培训讲座，邀请了一位知名的短视频创作者分享经验。赵小卷敏锐地意识到这是一个绝佳的学习机会，她在讲座上全神贯注地聆听，不放过任何一个细节。当有机会提问时，她更是积极踊跃地将自己在创作过程中遇到的困惑和疑问一股脑地抛了出来。她真诚而热情的态度，以及对创作的深刻理解和独特见解，给主讲人留下了极为深刻的印象。主讲人得知赵小卷不仅对创作充满热情，还已经尝试写故事，对她赞赏有加，并诚挚地邀请她加入创作者行列。

两个人志趣相投，很快便成了朋友。在这位新朋友的帮助和鼓励下，赵小卷的创作之路愈发顺畅。有一天，这位新朋友向赵小卷推荐了一个短剧创作大赛的信息，并鼓励她勇敢地参加。赵小卷抱着试试看的心态，将自己精心打磨的作品投递了出去。

在等待结果的日子里，赵小卷的内心充满了期待和不安。每一次手机的提示音响起，她的心跳都会不由自主地加快，生怕错过任何与比赛相关的消息。终于，好消息传来，她的作品竟然通过了初选，成功入围决赛。这个消息让赵小卷兴奋得手舞足蹈，她从未想过自己的作品能够在众多参赛作品中脱颖而出。

然而，入围决赛只是一个开始，真正的挑战还在后面。赵小卷深知，要想在决赛中取得好成绩，自己的作品还需要进一步完善和提升。她开始对剧本进行反复修改和润色，每一个细节都不放过。同时，她还积极向身边的朋友和专业人士请教，听取他们的意见和建议。

虽然赵小卷最终没有获得名次，但是入围作品都是有一定看点的。她的作品凭借独特的创意、精彩的情节获得了评委和观众的高度认可，更是被一家影视公司看中，希望能够购买版权进行改编。赵小卷激动得热泪盈眶，毫不犹豫地答应了对方。

这次成功的经历不仅为赵小卷带来了一笔可观的收入，更重要的是，为她打开了一扇通往广阔创作世界的大门。那位带她入行的前辈说过："我曾在各大编剧论坛和社区潜水，关注那些经验丰富的编剧们分享的投稿信息和经验。同时，还定期浏览各大影视公司和编剧工作室的官方网站，留意他们发布的征稿启事。此外，也利用社交媒体平台关注了一些编剧相关的公众号和博主，从他们那里获取最新的投稿渠道和行业动态。不仅如此，我还加入了一些编剧交流群，与群里的同行们交流心得，大家也会互相分享一些靠谱的投稿资源。"寻着这个路径，赵小卷也准备走一走这条路。

赵小卷是幸运的，遇到了事业上的贵人。因为有了那次比赛，赵小卷便有了一块响亮的敲门砖，所以她的写作之路越走越宽。她不仅继续为短剧平台撰写精彩的剧本，还尝试创作长篇小说，并在网络文学平台上发表。她的作品凭借着细腻的情感描写、扣人心弦的情节和独特的创意，受到了众多读者的关注和喜爱。

随着作品的不断积累和人气的逐渐攀升，赵小卷的收入也水涨船高，甚至超过了她原本的全职工作。她终于实现了当初的梦想，找到了一份既能满足自己的兴趣爱好又能带来丰厚回报的兼职。如今的赵小卷，再也不用为每周能否看一场电影而犹豫不决，她甚至还有足够的余钱来精心装扮自己的温馨小窝，让生活变得更加舒适和惬意。

她的同伴们常常会在闲暇时提起当初那个看似玩笑的早餐赌约，笑着说幸好有那一次的激励，不然她们可能就错过了见证一位优秀作家诞生的重要时刻。而赵小卷每当回忆起这段经历时，不禁感慨万分。她至今也说不清，究竟是那一个月的早餐赌注推了自己一把，还是借着这个借口勇敢地逼了自己一次。但无论如何，她都无比感激那段充满挑战和机遇的时光，让她找到了真正属于自己的人生方向。

翻身步骤

第一步：认识到自己的爱好和特长，并且清晰地知道这个特长用到何处。

第二步：寻找合适的赛道，并且在确定赛道后进行深入研究。譬如，赵小卷通过阅读经典小说和剧本，学习构建故事结构和塑造人物；通过参加线上写作课程，系统提升写作技能。

第三步：不断练习，将想法转化为文字，创作自己的剧本。勇敢地参加短剧创作大赛，获得行业认可和曝光。

第四步：为短剧平台撰写剧本，同时尝试长篇小说创作，在网络文学平台上发表作品，吸引读者关注。

注意事项

1. 不断学习新的写作技巧和行业知识。
2. 积极接受他人的反馈，用于改进作品。
3. 在行业内建立良好的人际关系网，获取更多机会。
4. 在出售作品时，注意版权保护和合同条款。
5. 对写作保持热情和创造力，不断激发新的灵感。
6. 随着行业和市场的变化，及时调整自己的创作方向。

乡音里的财富故事会

这是一个典型的江南小城。这里历史悠久，景色迷人，旅游资源丰富。可跟周围几个总是人流如潮的城市相比，这个小城却一直冷冷清清。这里的人不急不躁地生活着，仿佛时代的急躁从来没感染过这里的人。

叶程洁就是这个城市土生土长的小囡。大学毕业后，学中文的她应聘去了一家报社。在那里，她见证了纸媒日渐衰落。虽然报社也组建了自己的网络自媒体团队，可传统的思维模式和保守的作风让叶程洁感觉束手束脚。

于是，她决定辞职，拿着工作几年的积蓄，回到家乡开了一家特色江南民宿。

民宿很有特点，服务也没话说，凡是来过的顾客都对这里赞不绝口。可受限于这座小城的知名度，民宿的经营一直不温不火。

叶程洁对此倒不是很在意，民宿解决了她的吃住，而且盈利足够支撑她的生活。有客人的时候，她跟客人聊聊天；没客人的时候，她就自己写写文章。她有一个公众号，在这里，她会书写现在的生活，介绍自己的民宿，也会写些小文抒发自己的情绪。

因为文笔优美、角度独特，她的公众号拥有了一批固定的读者。

假期里，一位大学同学来到了叶程洁的民宿。小住三天后，同学感慨道："这个城市真是太舒服了，为什么就没人帮忙宣传一下呢？"

说者无心，听者有意。从小在这个城市长大的叶程洁深爱着这个地方，她觉得是该有人来好好宣传一下这个城市。不是官面文章似的宣传，也不是官方通稿一样的宣传，更不是将这个城市的标志物堆砌到一起，摔别人脸上那样的宣传，而是从一个普通人的角度将镜头对准最普通的生活，娓娓道来的宣传。

没人做这件事，为什么我不能做呢？心里涌现这个念头，叶程洁吓了一跳，自己只是个普通人，做这件事真的能成吗？

公众号是现成的；写东西是自己的强项；图片的话，自己有专业的照相机，也有当初跟着报社记者学的入门级技术；自己会视频剪辑但不精通，会公众号美化但不精通……

叶程洁默默思考着自己的优势和劣势，决定尝试一下，反正闲着也是闲着。

她开始构思如何去写这个城市的方方面面。

很快她便动笔，用文字记录这个城市最美好的点点滴滴。

公众号上一系列的文章发布后，产生了一些影响，许多人对这个小城产生了兴趣。后台经常有人询问关于到这个城市旅游的方方面面。

这令叶程洁有了小小的成就感。她更加用心地做着这个公众号，更加用心地发掘着关于这个城市的一切。

关注数量在缓慢却稳定地增长着，对此叶程洁并不着急，她做这个公众号的本意也不是为了钱，正因为这样，她的公众号没有商业味道，反而获得了更多人的喜爱。

一天，她像往常一样登录公众号的时候，在后台看到了一条留言："你的公众号被抄袭了！"

顺着链接，她果然找到了一个关注数量远比她多的公众号，里面那篇关于她生活小城的文章就是照抄她的。

作为曾经的媒体从业者，她对版权问题特别敏感。在这之后，她又陆续发现许多公众号抄袭了她的文章。不断地沟通、投诉耗费了她非常多的精力，她甚至产生了不再做公众号的念头。

她跟朋友聊起了这件事。作为她微信号的忠实拥趸，朋友极力反对她的想法："你把自己做成一个品牌，做个视频号，自己上镜，别人还能怎么抄？"

自己上镜？这是她没有想过的。自己够漂亮吗？视频号的核心竞争力在哪里？做视频号肯定意味着更多时间和资金的投入，对自己来说合算吗？

“你那么漂亮，镜头前一站，本地话一讲，嗲嗲糯糯的，肯定行！放心，只要我有空，我就来帮你。”朋友好像看透了叶程洁的犹豫，一番话打消了她的顾虑。

第一次录制视频时，叶程洁特意选了件好看的旗袍，她站在民宿附近的小桥上，不停地在心里重复着事先写好的台词。说实话，她有些紧张，生怕自己第一次视频尝试不成功。

事实上也真的不算成功。一段3分钟的视频，她反反复复拍了40多遍，不是台词说得不顺，就是表情有些僵硬。从中午一直忙到傍晚，总算拍完了。

回到家剪辑的时候，她发现最后一遍竟然恰好拍下了夕阳。在夕阳的映射下，她的笑容显得特别自然、亲切，家乡的方言配上她软糯、好听的声音，竟然让整个视频显得特别生动、和谐。

在第一期视频中，她讲了这个城市的小桥，这是她事先做了许多功课才选定的主题。文案足足写了上万字。

她把视频和文字都发在了公众号上，也在视频号上发布了第一条视频。

从这一天开始，她一发不可收拾。用文字、照片和视频多种方式表达自己，呈现家乡，这种方式让她着迷。正好是旅游淡季，民宿没什么生意，她把大部分精力都投到了公众号和视频号的制作上，以每天一更的速度完成自己的创作。

亲切可人的长相，好听迷人的声音，精心设计的文案，漂亮真实的画面……她用这样的方式，介绍着关于这个城市的方方面面。

很快，她的公众号和视频号被越来越多的人关注，越来越多的人愿意看一看、听一听她到底说了些什么。

许多在这个城市生活了一辈子的人，通过她知道了许多他们不知道的历史，了解了许多他们没听过的典故。

许多年轻人通过她找到了这个城市中的许多美食，知道了许多他们忽视的好玩的地方。

外地的朋友关注到她，倒不是因为这些。江南的方言难懂，不看字幕，许多人也不知道她说了什么。他们关注到叶程洁拍视频竟然从来不用美颜，这在现在的视频中可以说是一股清流了。

叶程洁不是不想开美颜，而是刚开始玩视频号的她不懂这些。没想到阴差阳错，这倒成了她的一个亮点。在她的视频里，呈现的是没有滤镜的小城：有些古旧的老建筑，幽深的弄堂，折射着阳光的河水，还有小城里一个个路过镜头露出微笑的人……一切都不完美，但如此真实而美好。

诗意的人拍出了诗意的视频。小城悠闲美好、和谐自然的生活在她的镜头下，打动着越来越多的人。

五一节前，她的民宿订单一下子爆满，在公众号平台上，不停有人咨询她关于到这个小城旅游的问题。

在叶程洁还没有完全准备好的情况下，她火了。虽然比不上那些顶级视频博主，可对于她来说，没有公司包装，没有花钱炒作，她的公众号的点击量和视频号的播放量都远超她的预期。

之后，一些产品商找上门来，想要和叶程洁合作。她犹豫了一阵，挑选了一家本地口碑不错的商家进行合作。

有了资金的支持，她对文字和视频的制作就更用心了。她没想到，当地政府的新媒体号也关注到她。在征询了她的意见后，政府号连续转发了她好几期介绍家乡的视频。这一下，她更火了。

在做公众号一年、视频号半年后，她成了网红，她的民宿成了这个城市的网红打卡地。

她的生活已经发生了很多改变，唯一不变的是她要把公众号和视频号做好做精的心。

她更认真地琢磨文案，更精心地打磨视频。她雇人来管理民宿，也找了更专业的摄影师合作，拍更好的视频。

现在，政府的一些旅游宣传也会找她来合作，商家更是纷至沓来。她害怕自己在名利的冲击下，渐渐忘记自己做事的初衷。她非常清楚，只要自己忘了做这些的最初目的，那么自己今天拥有的一切很快就会离去。

这个城市还有太多的美景等着她去发掘，还有太多的故事等着她去讲述。她用自己最熟悉的乡音，吸引着一个又一个不了解这个城市的人逐渐靠近这个充满魅力的城市。

叶程洁想，她要写一本关于这个城市的书，记下这里最动人的故事。

翻身步骤

第一步：汇集自己的资源，找出自己的优势。比如，叶程洁清楚自己的优势在于时间相对自由，有优秀的写作能力，有一家自己的民宿能保证生活。

第二步：找准自己最擅长的内容方向，同时跟进技术的更新迭代。叶程洁前期通过公众号分享生活和城市故事，吸引到固定的读者群。创建视频号，将自己打造成品牌和标志。结合文字、照片和视频，全方位展现家乡的魅力，她的自媒体更加具有竞争力。

第三步：寻求支持。找到各地各级政府对自己管辖区域的宣传推广需要，积极合作，借力提升影响力。

第四步：利用自媒体的影响力反哺民宿，把民宿营造成打卡地，增加业务，扩大影响。

注意事项

1. 注意保护自己的原创作品，避免抄袭。建立个人品牌，提高在行业中的知名度和影响力。
2. 始终保持高质量内容输出，增强吸引力。保持内容的真实性、趣味性，才能建立观众信任。
3. 合理变现，谨慎选择商业合作。
4. 不忘初心，始终记住创作的初衷，避免在名利中迷失方向。做好长远规划，持续发掘和传播家乡文化。
5. 保持工作的热情，避免失去创业新鲜感。

第三章
地摊经济中的淘金者

卤味霸主的传奇

阿强42岁了，还和父亲一起住在他家的老宅子里。

他原来有个幸福的家和一份稳定清闲的工作，这一切都因为他沾染上赌博全毁了。他失去了工作，妻子和他离了婚，女儿的抚养权归妻子。他感到后悔不已。他想要重新开始，可人到中年，工作难找，他又没有一技之长，只能住在老宅子里，靠着父亲的退休金度日。

住了不到三个月，父亲脑梗了。还好阿强发现及时，将父亲送到医院，总算没有生命危险。阿强将父亲带回家，每天陪着他做康复。

父亲退休前是一个颇有名气的厨师，即使退休后，还经常有人来请他一展厨艺。阿强从小就爱吃父亲烧的菜，尤其是他做的卤味，更是阿强记忆中最美好的味道。

父亲如今瘫在床上，阿强以后都不会再吃到父亲做的卤味了。这一天阿强给父亲剪指甲，一边剪一边聊天：“我真后悔，当初没跟您把做卤味的手艺学会，要不然，就凭您做的卤味那味道，我就算买个三轮车摆个摊，日子都能好起来。”

父亲听到阿强的话，眼睛里忽然放出了光彩，语言功能还没完全恢复的他激动地指着屋里的柜子，不停示意，让阿强去打开。

阿强打开柜子后，发现里面有一本老旧的笔记本。笔记本里记载的正是父亲这么多年积攒下的独门秘方，其中就包括卤味的制作秘方。

有了父亲的秘方，阿强燃起了希望。他按照秘方买来了各种材料，一遍遍试着还原父亲的独门卤味。在经过几十次的试验后，卤味的味道已经很不错了，可跟阿强记忆中的味道还是有差距。

当阿强满头大汗地在厨房忙活时，父亲就坐在轮椅上默默看着。这些天来，他看到了儿子的转变，也相信儿子已经下定决心痛改前非。在儿子又一次失败后，他将儿子叫到了身边，用含混不清的话语指点儿子做卤味的关键。

父亲的指点让阿强豁然开朗，他经过几次调整，终于做出了让自己满意的卤味。

可是，能不能靠着这卤味改变生活，阿强还是没有信心。他将卤味切好装盘，送给街坊邻居品尝，结果邻居们都对阿强制作的卤味赞不绝口。

看着邻居们喜欢自己的卤味，阿强离婚后第一次露出了发自内心的笑容。他快马加鞭，办好了售卖卤味的相关手续，联系了附近所有售卖熟菜和卤味的店家。然而，这些店家要么有自己固定的供货商，要么是自己制作卤味，阿强忙碌了几天，结果只有两家店在品尝了阿强的卤味后，愿意少量从阿强这里进货尝试一下。

这个开局已经让阿强非常满意了，他每天都会准时将卤味送到两家店，然后回家，一边照顾父亲，一边琢磨继续提高自己的卤味技艺。

每次送货时，他都会询问老板卤味的销量如何，有没有回购的顾客。可阿强的卤味只是老板众多产品中的一样，老板可不会专门关注。为了了解自己的卤味到底受不受欢迎，阿强特意跟老板商量，周六人流量大，在老板店面旁放上台子，搞了个免费试吃活动。

试吃活动很热闹，大多数顾客在品尝了阿强的卤味后都给出了好评。

可令阿强不解的是，在接下来的几天里，他的卤味的销量并没有明显的增长。

经过仔细观察和思考，阿强明白了其中的道理。

第一，相比那些工厂化生产的熟菜，阿强的卤味在价格、利润上没有足够的优势。老板们对推广他的卤味缺少热情。

第二，因为小规模生产以及对品质的严格要求，导致阿强卤味的单价比市场上同类产品的要高一些。

第三，两家店靠近老居民区，居民大多是一些退休老人，他们对价格比较敏感。虽然他们认可阿强卤味的味道更好，但购买的时候还是会考虑价格。

怎样才能在不降低品质的前提下降低成本？怎么才能准确找到自己卤味的目标客户？……阿强陷入了沉思。

就在阿强发愁的时候，父亲的一个徒弟上门来看师傅。阿强将自己的卤味拿给他品尝，他品尝后眼睛放出了光。原来他现在开了家中等规模的饭店，饭店的竞争异常激烈，他这段时间正在为没有能吸引顾客的新菜品而烦恼。以他的经验，眼前的卤味无论是味道还是卖相，都要好于同类产品，他想将这引入自己的饭店。

很快，阿强就与父亲的徒弟达成了协议。阿强给他的饭店供应卤味，而阿强也要根据他的建议开发新产品。阿强答应给他独家供货，但提出了一个小小的附加条件，即在每张餐桌上展示一下他新申请的微信公众号的二维码。

阿强的卤味在饭店一经推出，就受到顾客的极大欢迎。讲究的食材、上佳的味道，很快吸引了一些老饕。喜欢卤味的顾客立刻关注了阿强的公众号。

阿强做自己的公众号，是受上高中女儿的启发。女儿喜欢二次元，她和同学做了一个公众号，分享自己喜欢的新番。默默关注女儿的阿强看着女儿的公众号有不小的关注量，想到自己是不是也可以通过这个来让更多人了解自己的卤味。

42岁的阿强对电脑和手机并不精通，他花了很大的精力，才将自己的公众号做好。在公众号里，他上传了自己制作卤味的视频。视频里，他面带笑容，在自己那打扫得异常干净的厨房里，一步一步制作着卤味。

在阿强看来，这样的视频很粗糙，可令他没想到的是，这视频在他的公众号上竟然很受欢迎。许多人在后台留言要购买阿强的卤味。还有一个大学生，特意按图索骥找到阿强住的地方，给自己在饭店吃过阿强卤味后念念不忘的爷爷买。

大学生教会了阿强在微信公众号中开通微信小商城，之后，时不时就会有顾客在这里订购卤味。

随着出货量的增加，阿强的成本也降了下来。他每个月的利润跟以前上班时的工资已经基本持平了。他还不太满足，想要更上一层楼，毕竟女儿就要上大学了，得需要很多钱。

阿强根据父亲的徒弟的要求，不停尝试着新的卤水菜式。而父亲的徒弟的饭店也因为阿强的卤味独特，生意火爆。

每天忙个不停的阿强，只要空下来，就会录一段视频，传到公众号上。视频的内容都是他的日常生活：怎么做卤味，怎么烧饭，怎么帮父亲侍弄花草，怎么带父亲做复建……内容琐碎又朴素，只是谁都没有想到，喜欢看的人还真不少！

直到有一天，他在留言中看到了一个熟悉的头像。那是他的女儿，她只留下三个字："加油啊！"

看到女儿的留言，42岁的阿强号啕大哭。自从他离婚后，这是女儿第一次主动联系他。

阿强将自己的经历用视频的形式一段一段地传上了公众号。在视频里，他坦言了自己曾经的错误，也展示了自己的改变，他希望女儿能够原谅他，希望大家不要像他一样……

这些以阿强制作卤味的厨房为背景的视频火了，阿强的真诚感动了很多人，也有许多人对他的卤味感兴趣。订单越来越多，阿强的干劲儿更足了。

如今，阿强从事卤味制作已经两年多了，他的卤味已经成为这个小城中家喻户晓的美味。

在卤味这个领域，阿强已经是这个小城市当之无愧的"霸主"。说到卤味，这里的人首先想到的肯定就是阿强。

两年里，阿强父亲恢复得很好，已经能简单自理了；阿强的女儿考上了大学，节假日就会来看他。

对于阿强来说，过去的两年就像做梦一样。他现在相信，只要自己不放弃，只要自己肯努力，生活就会越来越好。

翻身步骤

第一步：找到自己的独家优势资源。这一点可能不是每个人都有，但是可以去学习或者去发掘。这是让自己翻身的核心。如果没有掌握可以脱颖而出的技术，就会陷入同质竞争。

第二步：熟练掌握技术，同时不停学习各方面的知识，进行适应时代的改进和提升。

第三步：有了优质的产品，推广就变得异常重要。比如：联系熟食店，尝试销售卤味，开展免费试吃活动；与父亲的徒弟合作，拓展销售；建立微信公众号，吸引人们关注；开通微信小商城，接受网上订购；等等。这些都是不断尝试让市场了解自己的过程。

第四步：通过发布日常生活和制作卤味的视频增加粉丝互动，以真诚的故事和高质量的产品建立个人品牌。

第五步：随着订单的增加，扩大生产规模，开发新产品。

注意事项

1. 始终保证卤味的品质，维护良好口碑。
2. 在保证品质的同时，寻找方法降低成本。
3. 重视顾客反馈，不断优化产品和服务。
4. 不断学习新技能，提升营销能力。
5. 建立和维护有特色的个人品牌，提高市场认知度。

后备箱集市的潮流引领者

今天是后备箱集市的第一天，刘伟皓一早就来到了事先订好的场地反复检查。

昨晚他失眠了，毕竟这个集市是他组织的。他在脑海中复盘着关于这次后备箱集市的一切：场地确定、参与者确定、前期宣传、产品定位……他实在没有想到，自己这个从大城市回乡的创业失败者又要开始一轮新的创业。

三年前，他在广州经营的小广告公司倒闭了。带着数额不小的债务，他回到家乡这个小城。

父母拿出了一生的积蓄帮他偿还了欠债，然后又帮他在一个远房亲戚的公司里找了份安逸的工作。他从此过上了安稳舒适，但在他看来却没有什么乐趣和前途的小城生活。

创业失败对他的打击很大，在最初的两年多时间里，他每天都过得浑浑噩噩的。反正吃喝有爸妈，他除了承担一下自己那辆车的费用，几乎没有多余的开销。

父母看着有些颓废的儿子，心里当然着急，只是当着儿子的面，他们给予的都是鼓励和安慰。

刘伟皓自己都以为，自己就要这样过上一辈子了。直到有一天，他身体有些不舒服，提前请假回家，经过家附近菜市场的时候，他看见母亲正在那里买菜。母亲一边挑拣着菜，一边和卖菜人聊天。卖菜人正在说自己的儿子，那语气里满是骄傲。母亲那尴尬的笑容、有些无措的样子，深深地刺痛了刘伟皓。

从这一刻起，刘伟皓决定，为了自己也好，为了父母也好，都不能再这样了。他决定靠自己的努力让自己的生活变得更好，也让父母能为他骄傲。

立志容易，一到决定具体做什么，刘伟皓再次迷茫了。他向公司请了年假，来到了曾经创业的大城市，找曾经的创业伙伴聊聊。

创业伙伴如今在一家公司打工。他俩到一个夜市喝酒聊天。夜市很热闹，他们看到角落里有几辆家用轿车的后备箱打开着，有人正将其当成摊位在卖货。

这后备箱摊位吸引了刘伟皓的注意：车身就是现成的宣传载体；从车里可以接电，无论是灯还是宣传灯牌，都不用担心电源问题；后备箱就是现成的“仓库”，节约了很多成本；流动性强，一个地方卖不好，可以立刻换一个地方再试试；有交通工具，补货方便……当然，最重要的是，这样的形式很适合兼职。白天照常上班，下了班开着车，到地方停车打开后备箱，就可以立马开始做生意。

刘伟皓家所在的城市到现在还有赶集的传统。他的车是一辆SUV，如果打开后备箱，再放倒后排座位……刘伟皓觉得这件事情可以做。

他将自己的想法说给了曾经的创业伙伴听，创业伙伴也觉得可以试一试。两个人说好，创业伙伴利用自己的关系帮刘伟皓找一些货源，刘伟皓则负责卖货。

接下来几个月，刘伟皓一下班就开着自己的车，拉着创业伙伴发来的货，在他家所在的城市里到处“流浪”。尾货服装、尾货运动鞋、长毛绒玩偶、便宜的玩具、论斤卖的图书……创业伙伴给什么货，他就卖什么。一方面是这些货的进价低，有较高的利润；另一方面，刘伟皓想各种货品都试着卖一下，看看哪个品类能卖得好。

每到一个地方，当他把那辆精心装扮过的车开到市场空位，打开后备箱的时候，他感觉自己立马就成了市场里最靓的仔。尤其是夜幕降临，他点亮灯光，打开电子广告牌，播放适合的音乐的时候，他的车前总会快速聚集很多人。

靠着成本够低、经营够灵活，几个月下来，他赚了一笔钱，也吸引了一些人的目光。越来越多的年轻人开始模仿他，也摆起了后备箱地摊。他敏锐地感到一个新的机会到来了。

刘伟皓已经用自己的实际行动证明，后备箱摆摊对于有车的年轻人来说，是一个可行的兼职副业的手段。现在有越来越多的效仿者，证明越来越多的人看到了其中的商机。

刘伟皓心想：与其让这些人各行其是，为什么不能将这些人组织起来，办一个“后备箱集市”？这样做，首先，可以利用集市本身的新鲜感创造足够的广告效应，吸引城市的居民；其次，这样的市场能产生“1+1>2”的规模效应，帮助经营者节约经营成本；再次，在更多的人参与进来以后，进货的议价空间就会变大，利润空间也会更大；最后，那一辆辆车本身就是流动的宣传工具。

有了这个想法，刘伟皓无比兴奋。他发动自己在这个城市的朋友，利用一切渠道，寻找有意参加“后备箱集市”的人。出乎意料的是，这个活动比他想象的更受欢迎。短短一周，就有七八十人表达了参与的兴趣。

接下来的时间里，他寻找合适的场地，找相关部门不停地沟通，对场地进行设计和规划，设计宣传方案，筛选参与商家……他重新找到了当初创业时的激情，并将自己这两年攒下的钱全都投入到“后备箱集市”中。

白天，他在公司上班；下班后，他为“后备箱集市”忙碌。

最后，他筛选出第一批参与商家，一共有32家。他对这些商家的要求就是经营品类不要雷同，尽量在第一次“后备箱集市”呈现出更多的商品种类。

当地政府部门在了解了“后备箱集市”的详细情况后，也很支持这个活动。既能增加就业机会，又能丰富当地居民的生活，他们也是喜闻乐见的。第一次活动，政府免费提供场地，提供各项保障，这帮刘伟皓节约了一大笔钱。

终于到了“后备箱集市”开业的第一天。刘伟皓既紧张又忐忑。当晚上6点，32辆车都聚集到一起的时候，刘伟皓一声令下，32辆车一起打开了事先准备好的各种装饰灯和广告牌，原先空旷的广场一时间竟然像开了一个灯会。

新颖的形式、低廉的价格，以及刘伟皓不停强调的品质，吸引居民们不断地赶来。第一天晚上的销售情况比刘伟皓预想的还要好。

刘伟皓一直悬着的心终于放下了，他确信这个事情可以做、值得做。这一步，他走对了。

从那之后，他们又举办了好几次“后备箱集市”活动。现在，“后备箱集市”已经成为这个城市的一个品牌。

有些参与“后备箱集市”的车主好奇，刘伟皓为了这个“后备箱集市”忙前忙后，可他除了让车主们平摊场地费，缴纳政府规定的一些费用外，并没有额外向车主们收钱。他到底图什么呢？

只有刘伟皓自己知道，这个“后备箱集市”不但给他带来了名声，带来了干事业的成就感，也让他赚了不少钱。

人流量增加，使他的摊位的销售额暴涨；通过创业伙伴掌握的各种进货渠道，物美价廉，也成了这里许多车主的进货选择；还有市集里各种可以做广告的地方——装饰彩旗，中间区域的大型展示台背景，进场处的易拉宝、海报展示……曾经开广告公司的他，可不会放过这些“聚宝盆”。

如今的刘伟皓，已经从远房亲戚的公司辞职，专心投入“后备箱集市”的运营和管理中了。

做好服务，严抓质量，创造氛围，促进消费，这是刘伟皓对“后备箱集市”的要求和定位。他很清楚，集市火起来以后，会有越来越多的人模仿他。只有保证产品质量，保证消费者的消费体验，才能让这个市场有持久的竞争力。

刘伟皓父母看着他重新振作，当然是高兴的。可他们也担心，如果这次创业再次失败，儿子会不会再受打击。

刘伟皓当然知道父母的担心，不过现在的他有足够的信心，既然自己在第一次失败后能够重新开始，就没理由退缩。

现在，如果你去刘伟皓生活的城市，每到周末，你都能在市中心的广场看到一个热闹的“后备箱集市”。如果你看到一个30岁出头并总是笑脸迎客的老板，那可能就是刘伟皓。如果你有兴趣，不妨停下脚步，跟他聊一聊，他一定会很热情地给你介绍这个“后备箱集市”的故事。

翻身步骤

第一步：将自己的进货渠道、本地人关系网、创意优势充分进行资源整合，获得“1+1＞2”的效果。

第二步：在需要利用公共资源的时候，通过新颖的形式、切实对就业和消费的拉动，获得当地政府的支持，获得免费的场地。

第三步：完成全面的策划，设定多元盈利渠道，比如摊位销售、进货渠道批发和广告位等方式赚钱，避免单一盈利模式的风险。

第四步：注重产品质量和消费体验，建立品牌效应，确保市场竞争力。

注意事项

1. 要了解当地市场需求和消费者的喜好，了解从业者的意愿，做好前期调研，才能制订有针对性的计划。
2. 前期需要精打细算，确保项目的经济可行性。可以寻求外界助力，从场地、宣传、进货成本等方面控制成本。
3. 要充分利用现有资源，利用各种渠道进行宣传，提高知名度。
4. 事先制定规范，建立组织者的个人微信，有效组织商家，确保集市顺利运营。

二手宝贝的翻新传奇

冯华年今年22岁，在老家，他这个年纪的人有不少已经结婚生子了。冯华年不是不想结婚，只是他的家庭条件实在不好，父亲在他很小的时候就去世了，母亲一个人把他和弟弟抚养长大。他从职校毕业后，在家附近的工厂找了一份工作，一边上班一边照顾家里。去年，弟弟考上了大学，学费和生活费成了家里的负担。为了帮家里减轻一些负担，承担起一个长子的责任，冯华年来到城里投靠自己的表舅。

表舅开了一个废品回收站，生意很好。冯华年帮表舅看店，平时就住在店里，表舅对他也还算照顾。可每天都和废纸板、旧金属、旧报纸打交道，冯华年实在不知道自己的前途在哪里。

这一天，冯华年花了整整一个上午的时间，从一个新买了房子要清理旧家具、旧家电的客人那里，拉了两车的东西回到店里。

累得快虚脱的冯华年坐在凳子上看着这些东西，忽然想到自己在店里的那个小屋。那里除了一张床和一个简易衣橱，什么都没有。这些东西如果收拾收拾，完全可以放在屋子里。

趁着没生意的空当，他仔细在这一堆东西里挑选着。桌子有些破旧，不过修一下对他来说算不上难事。以前为了省钱，他跟村里的木匠学过，简单修修家具，对他来说不在话下。

电视、洗衣机、冰箱都是老式的，多少有点问题。他在职校学的就是电器维修，如果有零件，修到能用也完全可以。

这些旧物件给冯华年单调的生活带来了难得的色彩。在接下来的几天里，他借齐了工具，利用空余的时间专心修理起来。桌椅经过他的修理后，像新的一样；那些电器经过他的修理，也重新恢复了生机。

“小师傅手挺巧啊！”这一天，他正在店里修着这些旧货，一位老人拿着报纸走了进来。

“闲着没事干，修修还能自己用。”冯华年站起身回答。

老人摸了摸他修好的桌椅，又看了看他正在修理翻新的衣柜，开口问道：“要是我买这些东西，多少钱？”

冯华年没想过这些翻新的旧货还能卖，更不知道该卖多少钱。他犹豫了一下，问：“这些您真的要买吗？”

“买啊！”老人肯定地说，“我有房子在出租，要用到家具，全买新的太贵，你这翻新的质量没问题，还便宜，干吗不买呢？”

老人的话给冯华年打开了新世界的大门。他想：我会修很多东西，假如收进那些别人不要的东西，修理翻新后再卖出去，是不是能有不错的利润？

冯华年将自己的想法说给老人听，老人肯定地点头说：“肯定有市场。这个城市里有很多人租房子，买太好的家具不合算，他们愿意买这些返修过的二手家具。而且你手艺这么好，哪怕摆个摊帮人修家具、家电，修一些小东西，也肯定有生意啊！”

晚上，冯华年翻来覆去睡不着，一直在想老人说的话。摆个摊，靠手艺赚钱，这对他来说太有诱惑力了。

冯华年不再整天守在店里。他主动出击，到周围的小区里上门收旧货。除了旧家具、旧家电、旧书，还收到过看上去不错的旧钢笔和旧相机。

回到店里，他将这些旧货分门别类。能修的，他就尝试修一下；不会修的，他就等空闲时上网搜一下修理的办法，看看能不能学会。能学会的，他就努力修一下；学不会的，他就暂时放在一边。

修好的，他会继续翻新，那细致程度、用心程度，仿佛这些不是收来的旧货，而是他的宝贝。

半个多月过去，冯华年积攒了一批修好的“宝贝”。他决定去试试，看看自己的这些“宝贝”是不是真的能赚钱。

下班后，他挑选些体积小的“宝贝”装上三轮车，一路骑到了附近的夜市，找了个路灯下的地方，摆上了事先写好的两张硬纸板。一张上写着“二手翻新，便宜甩卖”，另一张上写着“承接旧物维修、翻新，价格面谈”。

生意很快就上门了。他捡来的那个梳妆台被人买走了。这个梳妆台，他修了抽屉，装了玻璃，还重新上了漆，去除成本，他赚了个人工钱。几把翻新的木质圆椅子也很快被人买走了。翻新后的圆椅子跟店里新的一样，却便宜很多，买走的客人挑拣了半天，走的时候很是开心。

一晚上，冯华年卖掉了12件翻新的二手“宝贝”。他也渐渐对自己这些“宝贝”受欢迎的原因有了认识。

这周围属于城市的老城区，外来打工的人居多，他们对价格是非常敏感的。他们在这里大多是租住，对家具、家电没有长期住户那样的质量要求。价格往往成为他们购买这些物品的最重要因素。

冯华年一开始就说清楚了自己这些“宝贝”是二手翻新的，价格也远低于店里新货的价格。虽然是二手翻新的，冯华年却对自己“宝贝”的质量很有信心。他跟购买他“宝贝”的顾客互留了微信，承诺两周内有质量问题保修。

回到店里数着今天赚到的钱，冯华年兴奋极了。

接下来的日子里，他每周一、三、五都会骑着三轮车去夜市，其他时间他就在店里，一点点修理和翻新他收来的“宝贝”。

渐渐地，他在周围人中有了一些小名气，不但会有人到他这里购买二手宝贝，还有人拿着自己的“宝贝”来找他修理、翻新。

这一天，一个年轻人拿着一个看上去有些年头的木质首饰盒来到冯华年的摊子上，询问这个首饰盒能不能修。

冯华年粗粗看了一眼，首饰盒的抽屉板已经开裂，外层的榫卯也都松动。这个首饰盒应该不是特别值钱的，他不明白这个年轻人为什么还要修。

“这是我外婆的，她现在走了，这是她留给我的唯一一个物件。小时候，我就总会把小玩具和零食放在这里，它对我有特殊意义……”年轻人说着说着，眼里闪着泪花，“无论多少钱，我都想修好它。”

冯华年免费帮这个年轻人修好了首饰盒，年轻人特别高兴。这之后一段时间里，他给冯华年带来了很多生意。

半年过去了，冯华年还是每个星期的一、三、五去夜市出摊，现在带着自己的“宝贝”来让冯华年修理、翻新的人越来越多了。

为了给自己的生意创造更多可能，冯华年特意学了许多东西的维修和翻新技术，如钢笔、模型、手办、玩具……他最初收回来的钢笔和相机，也被他修好、翻新了。

现在，他摊位上的二手翻新宝贝的品类越来越多，很多人都喜欢来逛他的摊位。因为这里就好像哆啦A梦的口袋，你都不知道下一秒会忽然翻出个什么新奇的东西，一下子吸引你的注意。

为了更好地和顾客们交流，冯华年特意开了个微信公众号，他会用图片或者视频的形式记录自己修理、翻新宝贝的过程，然后上传。最初他只是想让顾客了解他工作的过程，让他们对买走的二手宝贝的质量更放心。他没想到，竟然有那么多人喜欢看他的这个公众号，他若更新慢一些，都会有人在后台催更。

为了这个，他特意学了视频剪辑和图片处理。更加精美的公众号给他带来了更多的关注，有人甚至特意从外地来看他。他完全没有想到自己竟然成了一个网红。

公众号给他带来了一些收益，后来他开通了视频号，收益就更多了。不过他始终认为，做这些事是为了更好地与顾客交流，他真正的兴趣还是将那些二手宝贝维修、翻新，让它们重新焕发光彩。

如今的他，还是住在表舅的店里。表舅看在他为店里带来了不少生意的份上，在店铺后面的院子里搭了间更大的房子——真有不少人特意到这里来卖旧货，就为了看看这个网红。

他已经攒下了一笔钱。他想着再努力几年，等弟弟毕业了，就在这个城市开一家小店。到时他不需要再去夜市，可以坐在店里安安心心地做自己喜欢的事情。

翻身步骤

第一步：技多不压身。不管是自己曾经会的手艺，还是新近希望学习的技艺，想要翻身，就得掌握几项技能。

第二步：了解周边租户对二手家具的需求，是冯华年起步的根本。他后来发现客户有维修的需求，于是他的服务具有了不可替代性。

第三步：充分利用废品回收站的旧货资源、场地资源，以及自己会多种手艺的能力资源、通过地摊掌握的客户资源，是冯华年一步步翻身的关键。

第四步：保证产品质量、后续服务，建立顾客信任。

第五步：开设微信公众号，分享修复过程，吸引更多顾客。通过公众号和视频号成为网红，增加知名度，把生意做大。

注 意 事 项

1. 不断学习新的修复技能，提升服务质量，让自己的业务更加多样化。
2. 确保修复后的物品质量，提供优质的客户服务，包括售后保障，建立良好口碑。
3. 在实现口碑营销的基础上，有效利用社交媒体进行宣传推广，建立个人品牌，提高在目标市场的知名度。
4. 在修复和销售的过程中注意控制成本，保证利润。

夜市最美模特的尾货逆袭

32岁的纪承兰身高163厘米，体重77千克。看到现在的她，你无论如何也不会想到，她9年前大学毕业时还是体重52千克并被诸多同学奉为大学系花的窈窕淑女。

因为生病用药，她的体重快速增长，曾经爱美的她感到自卑。如今她的身体已经基本康复，可走样的身材、不再美丽的外表，让她无法战胜自己，走出家门面对社会。

没有工作，也没有结婚，生活靠父母资助，在许多亲友眼中，纪承兰已经从一个让人羡慕的美女大学生变成了“啃老族”。

由于父亲心肌梗死突然去世，她开始反省。她第一次意识到，这几年来，父母如此不容易，他们在承受生活压力的同时，还要注意照顾她的情绪。而她就像个不懂事的小女孩，心情不好的时候，总是对着他们发脾气。

后悔、自责、痛苦刺激着纪承兰的神经，看着一夜间苍老的母亲，她知道自己不能再这样消沉下去，她需要承担起这个家庭更多的责任。

然而，她已经好几年没有工作了，与这个社会脱钩太久，导致她在寻找工作时困难重重。残酷的现实让她放下自己的骄傲，尽量先寻个能赚钱的工作，有份收入再说。

纪承兰选择在家附近的广场上摆地摊，卖一些批发来的衣服和包。地摊生意并没有想象中那么好干，她已经尽量压低价格，降低利润，可面对网络上更低廉的价格、各种品牌折扣店，她在第一周只卖出了四件衣服。

纪承兰不得不选择其他工作，以让自己多一份收入。

在网上，她看到了“大码女装模特”招人的消息。要是在以往，这个消息肯定会刺痛纪承兰的神经，可是现在她需要赚钱，需要让妈妈知道她有养活自己的能力。

她在网上投了简历，很快，她就得到了这份工作。

“大码女装模特”的工作并不复杂。每当有拍摄任务，中间人就会联系纪承兰，跟她约定好时间、地点、报酬。拍摄当天，纪承兰自己赶到拍摄地点，穿上商家提供的各种样式的衣服，按照摄影师的要求进行照片拍摄。

她在上大学时，就有过平面模特的兼职经历，这样的拍摄对她来说没有什么难度。每次拍摄任务都完成得很顺利，摄影师和中间人也特别喜欢与她合作。

在干大码女装模特的同时，纪承兰依旧在夜市摆着自己的地摊。她的生意比最初时好了很多，不过要靠地摊养活自己，还是不太现实。

中间人了解了纪承兰经历低谷后振作的经历，非常感慨，她想要帮帮纪承兰。知道纪承兰晚上还会摆地摊卖衣服后，每次拍摄完，她都会挑一些模特穿过、价格不是很高、公司不会回收的衣服送给纪承兰。

要是搁在以前，这样的衣服纪承兰肯定是不会要的。现在，面对中间人好心送给她的这些只穿过一次的衣服，她会接过来，发自内心地说一声“谢谢”。

纪承兰把这些衣服洗净、熨烫好后，会放到她的夜市地摊上卖。她会特意贴上一个标签：“模特样衣，仅穿过一次。”让她没想到的是，这些被当成二手、低于原价卖的衣服，竟总是销售最快的。

“如果有合适的货源，地摊卖衣服也是可以的。”看着自己拿回来的样衣很快被卖掉，纪承兰对自己说。

她努力寻找着更好的货源，可是地摊的出货量没有优势，在进货价格上，她始终是吃亏的。

“你为什么不去试试尾货……”那个中间人很熟悉服装生产，有一天，她看着正在整理样衣的纪承兰问。

“尾货？”纪承兰没有接触过这个领域，一脸疑问。

大多数服装厂在接到客户的订单时，为了保证不出岔子，总会在生产时多生产一部分，以应对不时之需。还有一些产品因为质量问题被客户退货，这些产品可能只是有一些小瑕疵，经过修补后是完全可以进行二次销售的。这些衣服就是尾货。

全国服装产业一年的尾货数量，据说有上千万件。厂家会将这些产品以很低的价格处理。如果能找到质量过关的尾货，那一直困扰纪承兰的进货价格问题就迎刃而解了。

在中间人的帮助下，纪承兰很快见识了尾货的模样。她在一个偌大的仓库里，看到一排排货架上堆满了衣服。这是一个尾货批发商的仓库。这个批发商就是负责从各个服装厂用很低的价格拿货，然后转手卖给零售商们。

纪承兰花了半天时间，挑选了许多自己觉得好卖的衣服，结账时发现比她预想的还要便宜很多。

尾货确实便宜，可尾货如果出现了质量问题不退不换。而且尾货在尺码上没有什么选择，基本上有什么尺码就卖什么尺码。不过，这对于纪承兰来说都不是问题。地摊销售，便宜才是王道。

纪承兰将买来的尾货服装都运回家后，又花了不少时间对它们进行整理、分类。一些略有破损的，她想办法修补，并且标上很低的价格；一些有污渍的，她尝试清洁，如果实在无法洗干净，她就将它们放一边。

晚上，她将这些衣服摆到了自己的地摊上。当她将它们整整齐齐挂上自己的货架时，丰富的款式、低廉的价格立刻吸引了许多逛夜市的人。

这一晚销量很好，接下来没几天工夫，第一批尾货服装就全部卖空了。

纪承兰来不及高兴，她再次来到了尾货仓库。

接下来的半年时间，纪承兰就像一个陀螺，在大码女装拍摄地、尾货仓库、夜市地摊之间不停赶场。母亲看着她的样子，相信她已经走出了低谷，开始为自己的人生努力了。

半年时间下来，纪承兰积攒了一笔不小的积蓄。她的夜市地摊在附近也算小有名气，她的摊子质量有保证，款式也足够多，时不时地还会有一些品牌服装当季新款。这种淘宝的乐趣让许多附近的居民经常会到这里逛逛。更何况纪承兰还承诺，只要衣物没穿洗、不损坏，七天之内包退换。

至于尺码不全，恰恰成了最吸引人的地方——一旦错过，可能永远没有了！

有了良好的合作，纪承兰成了尾货商的优质客户。这一天，尾货商给她打电话，说有一批好货，纪承兰第一时间就赶到仓库。

这一回，尾货仓库里堆满了某个品牌的衣服和鞋子。纪承兰知道，这个品牌在年轻人中受欢迎的程度很高。如果自己这段时间专门卖这个品牌，是不是可以吸引更多的客源？一个有些冒险的想法出现在她的脑海中。

她跟尾货批发商商量，自己想承包这个品牌的所有尾货，可是自己没有仓库，能不能先将货存放在这里，随时根据需要来取货。好说歹说，尾货批发商终于同意，只不过价钱在原有基础上要有所上浮。

定下货后，纪承兰又去定制了宣传海报的特制雨棚，还印了许多宣传单，并把它们塞到了附近居民的邮箱中。她和管理部门协商，自己的摊位不再局限于晚间销售，这一回，她要把地摊升级为“品牌特卖会”。

“品牌特卖会”的形式效果非常好。纪承兰雇了一个人帮忙，仍然忙不过来，她只好把母亲也拉来，才勉勉强强应付过来。

为了促进销售，纪承兰将大商场的“满减”“限时优惠”“有奖销售”全都用上了。品牌本身的吸引力加上纪承兰的销售策略，那些积压在仓库的货品很快就被销售完了。

这一仗，让纪承兰在尾货商那里建立了良好口碑，也让她对自己未来的销售更有信心了。

如今，纪承兰还是会去兼职做大码女装模特。不过，这已经成了她的业余爱好，而不是为了赚钱。她的夜市摊位越来越火爆，她也开始考虑要不要租个店面，结束这个“刮风减半，下雨全完”的地摊生意。

她现在会穿上自己摊位卖的衣服，拍几张漂亮的照片，做成海报贴在摊位上。她脸上的笑容越来越多，对未来的信心也越来越足。

生活就是这样，它可能会让你经历磨难，可只要你能挺住，磨难终将离你而去，等待你的会是美好的未来。

翻身步骤

第一步：要不断寻找机会。不介意别人知道自己的经历，并且接受他人善意的帮助。发现尾货时，立刻抓住机会，放手一搏，利用自身条件和过去的模特经验，成为大码女装模特。

第二步：保证质量，提供退换服务，建立良好口碑，形成自己在地摊中的差异化，让消费者产生信任感。

第三步：初期将尾货进行整理、分类，以低廉价格在地摊销售。后期抓住机会，承包品牌尾货，将自己的销售与其他地摊进行区分。

第四步：考虑结束地摊生意，转而租赁店面，稳定经营，为自己的生意规划可持续发展的路径。

注意事项

1. 充分了解目标顾客的需求，选择适合的商品销售。
2. 严格控制进货成本，保证足够的利润空间。同时要确保所售商品的质量，提供良好的顾客体验。
3. 保持良好的形象，吸引顾客。

流动柠檬水摊的甜蜜事业

小文和小倩恋爱三年了。他们毕业于同一所学校，一个学厨师，一个学西点。毕业后，两人留在了读书的城市工作，小文在一个国企食堂帮厨，小倩则在一家中学食堂干活。

他们在大城市的生活紧张、忙碌，压力巨大。经过了最初的兴奋后，他俩就不得不开始为日常的柴米油盐发愁。租房子、通勤、吃饭……两人精打细算地过日子，可大城市高额的消费和两人的收入形成了鲜明对比。生活中，两人的争吵开始变得频繁起来。

他俩真的喜欢这个城市，想在这个城市安家，可残酷的现实让他们甚至不敢去想未来。

“我们该做出一些改变了。”在一次争吵后，小倩平静地说，“至少，我们该努力去赚更多的钱。”

可是，该怎么挣钱呢？又该去哪里挣钱呢？

“我们去摆摊吧！”小文想了一会儿说，“我有厨艺，你会做糕点，这里的夜市很发达，我们下班就去，辛苦点，用点心，肯定可以的。”

小倩思考一下，觉得这似乎可行。他俩的工作都在食堂，那里主要操持早餐和午餐，一般情况下，下午三点左右就没事下班了。他们回家后，稍作休息，准备准备，就到了下班高峰期，如果在这个时候摆摊一直摆到晚上九十点钟，他俩还是能做到的。

两人忘记了争吵，很认真地讨论起关于摆地摊的事情:去哪里摆摊？卖什么？需要什么设备？前期投入多少……

一个个问题很快就有了答案。

他俩白天还要上班，所以不能去离家太远的地方，就去家附近那个挺热闹的江边小广场。那里附近有个地铁站，人流量足够。

他们没有太多时间进行采购和食材预处理，两人拿手的炒菜和糕点制作暂时不考虑，决定先从操作简单还受欢迎的自制饮料开始。

他们所在的城市位于南方，常年温度偏高，如今又正好到了夏天，如果卖冰镇自制饮料，应该会有市场。

前期投入的话，要买个冷饮机、几张简易折叠桌、一些一次性杯子，做个简易的招牌和横幅，还有每天都要用的食材……前期准备几千元应该够了。这点钱，他们现在还是能够拿出来的。

两人说干就干。接下来几天，他俩在家反复试验各种自制饮品，最后确定主销蜂蜜柠檬水。

第一次摆摊是在两人都放假的一天。他俩睡了个懒觉，然后分工合作，一人清洗柠檬，另一人将东西一件件地搬到借来的三轮车上。

傍晚，小文骑着三轮车，载着设备、食材和自己最心爱的女人，迎着夕阳一路前行。微风吹拂在他们的脸上，吹开了他们对美好生活的期盼。

他俩笑着来到了预定好的摆摊位置，支好桌子，摆好蓄电池，打开冷饮机，开始了第一次摆摊。

那些下班归来走出地铁的上班族们，很快就注意到了这个小摊子。也有人顺便就买了一杯蜂蜜柠檬水尝一下，没想到这里的蜂蜜柠檬水味道确实不错，不但解渴消暑，还颇有一些让人精神一振的效果。

很快，这个小摊就在附近的上班族中有了些小名气。大家都知道这儿的柠檬水味道绝佳，量也比别家的大，还便宜；这里的摊主是对小情侣，女的青春靓丽，男的年轻帅气，两个人甜蜜的劲儿很符合他们这个摊子的名字——“甜蜜柠檬水”。甚至有人会特意绕一些路，到这里买一杯蜂蜜柠檬水，一口冰冰凉凉的柠檬水下肚，一天工作的烦躁似乎减轻了不少。

摆摊一个月后，他们盘了盘账，发现去掉各种成本和损耗，净利润竟然比他们上班还多。

他们把赚的钱好好存了起来，特别开心，因为他们离在这个城市里买一套房子，有一个属于自己的家又前进了一小步。

接下来，除了保证自己的招牌柠檬水的品质，两人开始琢磨如何扩大经营。因为夏天过后，柠檬水的生意肯定会受到不小的影响。

他们想：下班的人们一出地铁，除了渴，肯定也有些人会感觉饿。他们不需要在这里吃饱，但如果能花些小钱稍微垫垫肚子，肯定是会增加幸福感的。自己的小摊上如果能多一些有特色的小吃，肯定能吸引更多的人，也能赚到更多的钱。

什么食物能最快提高人的幸福感呢？那肯定是甜食，这可是小倩擅长的领域了。她列出了自己能做的各种甜点的名字，犹豫了很久，最终定下来做戚风小蛋糕。

烤箱、各种原材料再次被买了回来。尝试几次后，小倩和小文确定了一个成本和口味都最令人满意的配方。他们比以前更忙碌了。每天下班后，他俩第一时间就往家赶。到家后，小文准备蜂蜜柠檬水，小倩制作戚风小蛋糕。

如他们所料，小倩用料讲究、制作用心的戚风小蛋糕一推出，果然大受欢迎。一杯柠檬水配上一个戚风小蛋糕，成了打工人下班后最喜欢的“还魂套餐”。

不过，他们买的烤箱虽然是家用里最大的型号，但制作的小蛋糕的数量还是不够多，每天小蛋糕都是供不应求。小倩联系了一个在附近开面包房的师姐，她每天付给师姐一定的费用，借用她的地方制作蛋糕。师姐很爽快地答应了。

接下来的日子，小倩一下班就直奔师姐的面包房，在那里制作戚风小蛋糕。小文做好准备后，就会到面包房拉走蛋糕，去摆摊售卖。小倩则做完蛋糕后赶去摊位。随着蛋糕数量的增加，他们的盈利更多了。

有了师姐的面包房这个地方，小倩也不断尝试一些新品种。

如今小文和小倩已经摆摊一年了，现在的他们早已经摆脱三轮车送货了。小文买了一辆二手汽车，经过改装后，这车既能运货，又能当他们的流动摊位。

以前的露天摊位一遇到下雨、刮风，生意就会受到很大的影响。如今有了这辆小车，他们出摊更便利了。

在这辆小车里，他俩放满了各种工具：“功勋老臣”冷饮机、简易的保温箱、微波炉，还有最近添置的用于制作双皮奶的小炉子。

为了吸引那些熟悉的顾客，小文和小倩每过一段时间就会调整一下自己的产品品种，除了招牌的甜蜜柠檬水永远不变，其他的饮料、糕点之类，过一段时间就会有更新。

那些熟悉的顾客下班经过这里时，总是会忍不住看看今天是不是有新的美味糕点，大多数时候看着看着就会忍不住买一些，站在一旁边吃边跟他俩聊聊天儿。

在这里坐地铁的上班族们，很多都跟小文和小倩成了朋友。他们每天下班回家路上，看见这两人灿烂的笑容，品尝他俩做出来的柠檬水和小点心，好像一天的疲惫都能得到缓解。

他俩商量要不要辞掉现在的工作，专心干副业。当然，这是长远计划，现在的工作毕竟可以交五险一金。在没有百分百确定前，他们还是准备辛苦一些，先攒够一笔钱再说。

由于每天都忙忙碌碌的，他俩已经一年没有逛过街，也没有争吵过。每天虽辛苦，但他们更加了解彼此，也更加体谅彼此了。

从最初不知道该怎么在这个城市立足，到现在有了明确的目标和方向，他们觉得现在的每一天都过得无比充实和幸福。

“辛苦不怕，两个人一起奋斗，才是真正的甜蜜。”小文说。

“辛苦不怕，一开始哪有不辛苦的，只要看到希望，一切辛苦都是值得的。”小倩说。

最近，他俩的收入又增加了一项。师姐的面包房试卖了小文的戚风蛋糕，结果销量远超想象。师姐专门腾出一个小橱柜卖他俩的各种糕点。

他俩已经商量好了，再辛苦一年，差不多就能凑够这个城市一套房子的首付了，到那时他们买下自己的房子，就算在这个城市真正安家了。

也许一年后你再去他们摊子上，就能看到一个大大的“囍”字，向你展示真正的甜蜜！

翻身步骤

第一步：从自身的技能出发，去思考翻身的第二职业。事实上，绝大多数兼职或第二职业都和主业及自己最擅长的技能相关，所以我们考虑的要点不是什么事情赚钱就去做什么，而是我们擅长什么，去发掘新商机。

第二步：充分考虑主业和副业相兼顾，所以在产品与销售地点的选择上，充分考虑距离和人流量情况。比如：小文和小倩选择家附近的江边小广场，有地铁出口，人流量足够；根据季节特点和气候特点，决定卖自制蜂蜜柠檬水。

第三步：做好前期准备，包括购买设备、规划销售时间和销售策略，这些对于后续的销售都是至关重要的。

第四步：根据实际运营的情况进行产品的设计和调整，依据是个人的能力和客户的需求。

第五步：利用资源合作共赢。比如，小倩联合师姐的面包房，通过生产产品的方式实现合作共赢，提高了产品的销量。

注意事项

1. 前期要充分考虑顾客的特点，了解顾客的需求和市场的趋势，选择适合的产品。
2. 在控制成本的基础上，确保食品的质量和口味，建立良好口碑，才能保持竞争力。
3. 饮食类摊位在保证核心产品的前提下，要不断尝试新产品，满足顾客的多样化需求。

第四章 闲暇时间里的创富奇迹

保姆的额外收入秘籍

宋玉娇今年38岁了，18年前，她从老家来到城市打工。18年里，她在工厂打过工，干过餐馆服务员，卖过衣服，摆过地摊……虽然工作很累、很辛苦，但宋玉娇不怕。她只有初中学历，可她相信凭着自己的努力能过上更好的生活。后来，她就靠着自己在老家县城买了房。她女儿在读高中，成绩很好，她希望将来女儿能考上大学。她在攒钱，希望将来能在城里给女儿买套房，让她过上更好的生活。

现在，她是一个钟点工。

钟点工这份工作，她已经干了5年。5年的时间里，她因勤快、善良得到了许多客户的认可。她的工作时间从早上8点开始，一直到晚上9点，除了下午3点到5点这段时间空闲，她每天可以说排得满满当当的。

下午3点到5点这段时间，上班的还没到家，退休的不是去娱乐就是去接送孙辈，吴玉娇在这个时间段干脆就不接活了。

吴玉娇会利用这个时间段睡个午觉，补充下体力。现在的收入，吴玉娇是满意的，不过她空下来时总是会思考，再有什么办法提高一下收入就更好了。

吴玉娇的钟点工雇主大多集中在A小区。这个小区规模挺大，居民中双职工家庭的比例不小。这样的双职工往往早出晚归，对于钟点工的需求比较大。吴玉娇这几年积累了不错的口碑，收入状况也令她满意。她租住的房子离A小区步行大概10分钟。从她租住的房子走到A小区，路上会经过一个小学、一个幼儿园。A小区的孩子基本都在这里上学。

她下午休息好，精神抖擞地从家里出发，去往A小区的时候，都会在学校或幼儿园门口遇到几张熟悉的面孔。如果时间来得及，她总会停下脚步，和这些人聊一聊。因为根据她的经验，很多工作都是在这样不经意的闲聊中获得的。

这一天，她又在学校门口看到了一张熟悉的面孔。那是她服务的一个客户，今年30多岁，姓刘，夫妻俩都在外企上班，收入不错，就是工作非常忙，时常要加班。宋玉娇记得，往常都是孩子的外婆来接送孩子，便问刘女士："今天怎么是你来接孩子了？"

"我外公身体出了问题，我妈赶回去照顾了，不知道什么时候才能回来。"刘女士说，"你看，我只能每天请假回来接孩子。这样长久下去也不是事，老板对我肯定要有意见的。要是有个信得过的人能帮忙，那就好了，付钱接也行啊！"

说者无心，听者有意。吴玉娇看着眼前这个学校，她每天下午都会从这里经过，孩子们放学的时候恰好她比较空闲。如果在去A小区时顺路接孩子，对于她来说并不算额外增加负担。她喜欢孩子，何况还能增加收入；对于有需求的家长来说，假如能用不多的钱让一个大家信任的人接孩子，也确实能免去他们的后顾之忧。

想到这里，吴玉娇不再犹豫，她对刘女士说："如果你信得过我，我来帮你接吧！"

刘女士惊讶了一下，很快脸上就露出了欣喜的神色，说："信得过，信得过。你的人品，我们都是相信的，只是……你怎么收费呢？"

这个问题让吴玉娇一下子卡住了。收费太高，家长们可能承受不了；收费太低，她自己付出了时间、精力，又会觉得不合算。多少才合适呢？

宋玉娇快速想着：这个时间段本来就属于自己的空闲时段，接孩子可以顺路，一个月一般接20天左右，一次耗时应该在半小时……

“一个月500，你看能接受吗？”宋玉娇小心翼翼地说出了自己的心理价位。

“可以，可以！”刘女士高兴地付了钱，“我女儿三（1）班，你接上她把她送回家，让她自己做作业就好。我们家有监控，我和老公在监控里能看到女儿，就不用上班想着家里了。”

从这天起，宋玉娇就开始顺路接孩子。这件事情对她来说一点都不累，她本来就要走这段路，现在无非是早一点出门，接到孩子以后把她送到家里。这接近10分钟的路程会经过两个路口，两个经常有汽车出入的小区大门。当看着孩子进了家，拿出作业认真做起来时，她都会抬头看一眼刘女士的监控，确定监控在正常工作，她才会放心离开，并且给刘女士发上一条消息：“孩子已到家，放心。”

一周之后，刘女士对宋玉娇的工作非常满意。她现在正在升职的关键期，有宋玉娇帮她接孩子，她就可以全力以赴地投入到工作中，再也不需要为了请假整天看领导脸色了。

很快，小区里的居民都知道钟点工宋玉娇能帮着接小孩。跟刘女士有类似需求的，陆续找到了宋玉娇。

“我们家情况跟他们家差不多，你看，能帮我们也接一下吗？”

“我们家孩子五年级，也算大孩子了，我们工作忙，平时都是孩子自己回家。可一想到要过马路，我就是不放心，你能帮忙接一下吗？”

“我婆婆腿骨折了，没人接孩子了。我家孩子上幼儿园，放学早，不耽误你接小学孩子。”

……

宋玉娇真的没想到，小区里竟然有这么多住户有着跟刘女士一样的需求。

宋玉娇接孩子的数量很快达到了8个。每个孩子一个月收500元，她每个月就增加了4000元收入。而这只需要她每天增加一个多小时的工作时间。

幼儿园、小学低年级、小学高年级的放学时间是不同的。每天三点半，宋玉娇会出现在幼儿园门口，准时接两个中班孩子。在将他们送回家后，四点钟她又会出现在小学门口，将三个一、二年级的孩子接走，送回家。四点半，最后三个四、五年级的孩子就会走出学校，跟着她回小区。

孩子全部送回家后，宋玉娇稍作休息，正好就能赶上五点钟去客户家做钟点工。

虽然原先的休息时间几乎没有了，可增加的收入让宋玉娇干劲十足。她甚至开玩笑说，这就是将来她做外婆接孩子的实习了。

孩子们也很喜欢总是笑呵呵的宋玉娇。考虑到孩子们放学后都会比较饿，而这时离晚饭还有一段时间，宋玉娇会购买一些小面包或者包子，让孩子们垫垫肚子。她买了一把大伞，夏天为孩子们遮阳；还买了漂亮的小雨披，下雨时给没带雨具的孩子穿上。虽然走到小区只有10分钟，但宋玉娇从来不让孩子们的这段路程无聊。她带他们唱歌，让他们比赛背诗，给他们猜谜语、讲故事……可以说，对这份意外得来的工作，宋玉娇用足了心思。

所有家长对宋玉娇的工作都非常满意，他们的感谢和赞扬让宋玉娇更加用心地对待这份工作。

干了一段时间后，宋玉娇将需要找人接孩子的原因做了一个统计：夫妻双职工，没有老人接送的；有老人，但是老人身体状况不佳的；对孩子路上安全不放心的；家里大人图省力的……

她很快想到，既然家庭有接孩子的需求，是不是还有送孩子需求的呢？送孩子一般都在八点前，正好和自己做钟点工不冲突。想到这里，她立刻就去问了问小区里一些相熟的人，不久，她又接到了两单早上送孩子的活儿。

用自己闲暇的时间，寻找周围人的需求，精准地为他们提供服务，不需要太高的技术含量，也能为自己增加一份收入。

现在的宋玉娇比原先更忙碌了。她喜欢这样忙碌，因为这给她带来了实实在在的收入。

翻身步骤

第一步：打开自己探测副业的触角，细心地从闲聊中识别到小区居民对于接孩子的需求和机会。

第二步：对获取的信息进行全盘考虑，充分评估自身条件。比如，宋玉娇考虑自己下午有空闲时间，可以顺路接孩子，决定尝试这项服务。

第三步：根据接孩子所需的时间和精力，合理设定服务费用。

第四步：联系有需求的同小区居民，提供接孩子的服务，并确保服务的质量和孩子的安全。

第五步：在满足接孩子需求的基础上进一步拓展，提供早上送孩子的服务，增加收入。

注意事项

1. 接送孩子是一项责任重大的任务，必须确保孩子的安全。
2. 价格要合理，既要考虑自己的付出，也要考虑客户的承受能力。
3. 与客户保持良好的沟通，了解他们的具体需求和期望，以便更好地提供服务。
4. 在服务的过程中，关注孩子的需求和感受，如提供小零食、遮阳伞、雨披等，增强服务的贴心度。

保洁夫妻的养花致富路

赵小凤今年45岁。18年前，她跟着丈夫从农村老家来到大城市打工。丈夫通过亲戚的介绍，在一家物业公司担任一个小区的保洁员。赵小凤就跟着丈夫每天清扫小区垃圾，清洁小区垃圾桶。

丈夫有工资，虽然不算高，但胜在稳定。好在物业公司提供免费的住宿，夫妻两人省下了不小的开销。

保洁员的工作非常辛苦，天不亮就要起床，赶在大多数居民上班前，对自己负责的区域进行清扫。尤其是几个垃圾投放点，要时时刻刻注意那里的卫生情况。等居民都上班去了，赵小凤和丈夫就要将垃圾桶里的垃圾进行分拣，然后堆到小区门口固定的地方，等待垃圾车的到来。接下来，她和丈夫要巡查小区的卫生，草坪、花坛、水池等，都要保证卫生。小区虽然不大，也有几百户人家，忙忙碌碌下来，一直到下午两三点她才能稍作休息。居民们下班之后，她和丈夫匆匆解决完晚饭，又要开始忙碌。

单靠丈夫的固定收入，在大城市生活还是很不容易的。

为了增加收入，赵小凤就在分拣垃圾的时候仔细寻找一些能卖钱的东西，如纸箱、饮料瓶、啤酒瓶、废旧衣物、小家电……一个月下来，多多少少也能给夫妻二人增加些收入。

在分拣垃圾的过程中，赵小凤注意到，每天的垃圾里都有不少的腐败水果、剩饭剩菜。看到这些东西，赵小凤首先想到的不是垃圾，而是肥料。

虽然现在干着别人眼里最脏的工作，但赵小凤是一个爱干净、爱美的人。在老家的时候，她可是干农活的一把好手，尤其是养花，村子里没人比她养得好。即使在她和丈夫临时居住的地方，她还是养了些花来装饰。

骨头、鸡蛋壳晒干碾碎，撒到花盆里，就是天然的磷肥；花生壳晒干铺在花盆底下，能增加土壤的透气性；水果皮加水密封发酵后，也是极佳的肥料；还有剩饭剩菜、茶叶渣、咖啡渣，经过发酵处理，如果利用得当，都是很不错的肥料。

小区里养花的人家很多，住在一楼的不少住户恨不得将自家的小院子摆满鲜花，住在楼上的住户也多多少少会在阳台上放几盆花装点一下。假如……想到这里，赵小凤不禁有了一个大胆的想法。

第二天，她没有帮着丈夫干活，而是去花卉市场买了许多简易花盆和各种花卉的种子。当她把这些东西都搬回家时，丈夫有些摸不着头脑了。他知道妻子喜欢花，可是一下子要养这么多，工作一天之后，哪有精力和时间养呢？

赵小凤看着丈夫的模样，猜出了他的想法，不过她没有跟丈夫透露自己的计划，毕竟最后到底会怎样，她心里也没有底。

赵小凤他们居住在小区中心花园边的杂物房，这里比较偏僻，平时鲜少有居民经过。她充分利用这里的地理优势，将买来的花盆放置在空地上，养起了花。

从这天开始，早上，赵小凤仔细地从厨余垃圾中挑选可以作为肥料的东西，装在垃圾袋里。下午，她放弃了原来的午休，赶回住的地方专心制作有机肥料，伺候那些娇贵的花草。

养花不是轻松活，尤其在赵小凤摆开的花盆超过100盆以后。下大雨，她要赶回去将这些花搬进家；降温了，她要想办法给这些花保暖。有的花爱晒太阳，有的花喜欢阴凉；有的花要多浇水，有的花要少浇水……就算赵小凤是一个养花能手，面对这些品种各异的花卉，她还是手忙脚乱。

丈夫不是很理解她。在丈夫看来，如果喜欢养花，养几盆就好了，一下子养这么多，那纯粹是耽误工夫了。

赵小凤暂时不敢跟丈夫说，她养这么多花可不是为了自己观赏，而是想要通过这个多赚些钱。

终于，功夫不负有心人。在赵小凤的精心照料下，第一批花的成活率非常高。居民们走过这个角落时，都会因为这些漂亮的植物停下脚步看一看。

渐渐地，小区居民都知道，在中心花园边的角落里有许多漂亮的花。一些喜爱养花的居民在空闲的时候，就会聚拢到这里欣赏一下美丽的花，也称赞一下赵小凤养花的技术高超。

自己种的花被称赞，赵小凤心里无比高兴，可她养这些花并不只是为了得到一声赞扬。她早早就去花卉市场打听好了相关花卉的价格，她真实的目的是希望居民能买走这些花。只是没做过生意的她要直接开口向居民推销，实在有些不好意思。

好在没过几天，一个退休的老伯就主动开口问："你这花真不错，比花卉市场的都好，能卖给我几盆吗？"

赵小凤等的就是这句话，她高兴地答应了这位老伯，还帮他挑选了几盆送到家里。为了让老伯多帮自己宣传，她还特意送了几袋自己做的有机肥。

一传十，十传百，赵小凤种的花质量好、价格低的消息很快就在小区里传开了，甚至周边小区也有人来这里看花、买花，和赵小凤交流养花经验。

第一批花全部卖完以后，赵小凤算一下账，收入还比较可观。看着到手的收入，丈夫不再抱怨，而是主动承担起更多的工作，让赵小凤能有更多时间种花，制作有机肥料。

为了更好地养花，赵小凤特意买了许多书来补充知识。只有初中文化的她看这些书有些吃力，可有了让生活更好的愿望，她逼着自己捧着书仔细地读。她掌握了越来越多的养花知识，甚至开始针对顾客们的需求进行针对性的服务。

夏天的时候，大家被蚊虫困扰。她这里有驱蚊草、万寿菊、薄荷、迷迭香、夜来香等可以驱蚊的植物。

过年的时候，图个喜庆氛围，她这里早早就准备了一品红、红掌等颜色喜庆的植物。

流行种多肉植物，她就学习多肉植物的扦插培育。她还将养多肉植物的注意事项打印出来，与喜爱这种植物的居民们分享。

有的老人喜欢在阳台上种菜，她就给老人要来适合阳台上种的葱、姜、蒜、韭菜、香菜等蔬菜的种子，还帮着老人一起制作种菜的盒子。

有的家长想要孩子通过养花培养爱心与耐心，她就和家长一起精心挑选适合孩子养的植物品种，并且提供免费指导。

有的居民要外出一段时间，就会将自己家里的宝贝花放到她这里寄养。她精心照料，往往等居民回来时，这些花比他们离开时长得更好了。

有一些居民养花经验不足，在赵小凤手里生机勃勃的花到了他们手里，没多久就奄奄一息了。这时，她就会化身花卉医生，想尽办法让那些看上去快不行的花卉起死回生。

……

小区里养花的居民都称赵小凤为“养花专家”。她住处门前的那一小块空地也成了小区里爱花人士的交流场所。

物业公司发现了赵小凤养花的特长，还将小区道路的景观盆花养护工作承包给她。这虽然不是一份正式工作，但凭借自己的专长得到一份稳定的收入，还是令她非常开心的。

现在，赵小凤每天早上帮着丈夫分拣垃圾，接着就回到自己的“小花园”制作肥料，照顾那些盆花。在小区居民的眼中，她是“养花专家”“美的使者”。

“我爱美，我也愿意将美送给更多人。”赵小凤这么说。

生活需要美，能创造美的人就能创造财富。

说起未来，赵小凤说，她已经在小区租了一套带院子的房子，要养更多的花，将更多的美送给大家。

翻身步骤

第一步：学会整合身边的资源，真正成功的翻身副业大部分都是这样来的。赵小凤就是利用了小区内的厨余垃圾制作有机肥料，降低了成本，同时实现了资源的循环利用。

第二步：从小规模试水开始。如赵小凤在小区角落养花，逐步测试市场反应。

第三步：在小规模尝试成功的基础上，进行市场细分与服务定制，增强绿植花卉的功用，让原来作为非必需品的植物变成有一定刚需的日常必备品，如驱蚊植物、节日花卉等，以此增强客户的黏性和满意度，稳定收入。

第四步：通过提供优质服务，赵小凤在小区居民中建立了良好的口碑，形成了自然的宣传效应。

第五步：初步成功后，有魄力地租用更大的空间，以扩大花卉种植规模。

第六步：与物业公司建立合作关系，承包小区景观盆花养护工作，获得稳定的收入。

注意事项

1. 持续关注市场动态，保持创新思维，以适应不断变化的市场环境。
2. 重视客户关系的建立与维护，提供优质服务，以增强客户的忠诚度。
3. 在创业过程中保持积极心态，面对困难时坚持不懈，勇往直前。

万师傅的装修故事

万师傅名叫万启发，别看他只有30多岁，但是在装修圈已经是名副其实的老师傅了，没有几个人知道他的本名，大都习惯叫他万师傅。作为一名资深的装修工人，他不仅拥有专业的技能，还拥有综合协调能力。优秀的装修师傅不仅要保证工程质量，还要提供满意的服务，以赢得客户的信任和市场的认可。

说起万师傅，就不得不说到万师傅的父亲——老万师傅。老万师傅可真的是一把好手，不仅是泥瓦工，还是当地非常出色的木匠。万师傅从小跟在父亲身后帮着打下手，这也为他进入装修行业打下了基础，所以，说他是位老师傅一点也不夸张。他算是子承父业，各种水电木工的活儿都能驾驭。

这两年，房地产市场不稳定，许多人持观望态度，住房买卖成交率一低再低，导致配套的装修行业也不景气。僧多粥少，竞争异常激烈，人们的第一反应都是以低价保住饭碗。万师傅和他的装修团队也陷入了这个困境，有的工友熬不住准备转行，有的工友在没有活儿的时候去做小时工贴补家用。万师傅真心喜欢装修，他不愿意轻易放弃，一直希望能找出个新思路。

这一天，又要报一个新房的装修竞价，万师傅的团队已经以足够的诚意让价，本以为靠低价就能拿下这一单，但是没想到还是没有抢过来。万师傅真心诚意地询问了房主选择别家的理由，才知道在相似价位下，另一家装修单位提供了智能家居改造服务，将传统的装修技艺与智能家居技术相结合，不仅能安装智能开关、智能灯泡，还可解决智能安防系统的配置，为客户提供全方位的智能家居解决方案。“变则通，通则久”，万师傅此刻深刻地意识到这句话的含义，于是，在工作之余，他开始研究市场趋势和客户的需求。他通过网络、杂志和参加各种家居展览，了解最新的家居设计理念和消费者偏好。他发现，现代人越来越追求个性化和定制化的家居产品。

在一次装修过程中，万师傅发现业主家墙面的壁纸破损严重，而市面上壁纸的品种繁多，业主难以挑选到满意的款式。想到“变则通，通则久”，于是，他决定利用自己的绘画功底，为客户定制一款手绘壁纸。经过一番沟通，先确认了业主希望融合中国山水画元素，万师傅就出了几个设计草案，用电脑软件模拟了壁纸的效果图。最终，业主选了一个将传统山水与现代抽象元素结合的设计方案。确定方案后，万师傅就开始了手绘壁纸的制作。他先绘制出山水的轮廓，然后逐步填充色彩，运用渲染、泼墨等技巧将现代艺术的感觉融入其中。虽然整个创作过程持续了一周，但是效果特别好。万师傅因为这次合作在小圈子里一举成名。业主还在社交媒体上分享了自己的壁纸，获得了许多朋友的点赞和关注，还有要万师傅电话的。手绘壁纸因得到了业主的认可，在市场上脱颖而出，受到了更多客户的喜爱，不仅成为万师傅的第二个收入渠道，还成为他们团队拿单的砝码之一。

手绘壁纸毕竟不是人人需要，万师傅的经济压力依然存在，不过手绘壁纸让万师傅打开了思路。

又有一次，万师傅装修时发现客户家的家具都是定制款，造型独特，价格不菲。他想起小时候跟着父亲做各种木制品的时光，为何不利用父亲和自己的木工手艺也制作一些家具呢？说干就干，万师傅回家翻出父亲的木工工具，又从网上买了一些电动工具，在业余时间研究起家具设计来。为了制作出符合现代审美的家具，万师傅还报名参加了木工培训班，学习新的设计和制作技巧。很快，他便根据以往的装修经验，做出了一批独具特色又很实用的家具。

他将这些家具拍照上传到朋友圈，以期有人下单。不过，客户订单并不是那么快就能有的，但是他没有灰心，依然继续设计，继续训练自己的实物制作能力。后来，他又特别针对小户型做了折叠款的桌椅。

他的朋友圈没有订出去货，同行朋友却介绍来了订单。原来是同行朋友遇到的业主需要定制一套特殊尺寸的书架，想抓紧完工结账，于是便介绍给了万师傅。

业主的需求是要能容纳大量的书籍，同时要有艺术感，能够体现主人的品位，而且还要求有专门放置珍贵书籍和展示装饰品的空间。

万师傅没有着急去现场量书房尺寸，而且提前和业主沟通了他的书籍种类和阅读习惯。根据业主的需求，万师傅提出了几个设计草案。业主对其中一个设计情有独钟，但提出了一些修改意见，比如增加一个可调节的阅读灯和隐藏式抽屉。这些都没有什么问题，最大的沟通分歧在于材料的选择，业主倾向于使用昂贵的红木，而万师傅建议使用性价比更高的橡木。万师傅努力沟通了许久，重点为客户阐述了橡木的耐用性和美观性，直到业主同意了万师傅的方案，万师傅才上门量尺寸。后来，在制作的过程中，万师傅又发现书架的某个部分设计过于复杂，难以实现。他及时与业主沟通，提出了一套更实用的解决方案。业主对万师傅的诚实和专业态度表示赞赏，并同意了新的设计方案。成品完成后，业主非常满意。就像手绘壁纸一样，业主的书架在朋友圈中引起了关注，许多朋友都询问是哪里定制的，万师傅因此又有了一批定制家具的顾客。

一位追求品质生活的单身白领购买了万师傅定制的家具后，兴奋地说："万师傅的手艺真是太棒了！这款书桌不仅设计独特，而且做工精细，放在书房里简直就是一件艺术品。我朋友来家里看到都赞不绝口，还问我在哪里买的呢！"从此，万师傅的家具定制业务逐渐红火起来，成为他的又一个收入增长点。

没过多久，万师傅发现许多客户在装修的过程中，对家居饰品也很有需求。于是，他利用定制家具的剩余材料制作了一些家居小饰品，如挂钟、摆件、壁挂等。这些饰品既有实用性，又具有艺术价值，深受客户喜爱。一个小饰品卖不了多少钱，积少成多，也是一个不错的收入来源。

随着业务的发展，万师傅不再仅仅满足于接零散的订单。他开始与一些家居品牌合作，为他们提供设计和制作服务。同时，他还开设了线上课程，分享自己的装修技巧和经验，吸引了众多装修爱好者的关注和付费学习。

在拓展多元收入的过程中，万师傅始终坚持诚信经营，确保每一个项目都让客户满意。他深知，只有不断提升自己的手艺，才能在竞争激烈的市场中立于不败之地。如今，万师傅的收入渠道越来越丰富，生活也越来越美满。他的故事在业内被传为佳话，激励着更多装修工人勇于创新，开拓多元收入，实现人生价值。

翻身步骤

第一步：发挥自己专业技能的优势，技能精湛，那么价值就会恒定。有了专业技能，翻身就不是难事。

第二步：有了专业技能，也不一定就能变成需求，所以要根据当下的行业情况及市场趋势，结合客户需求，寻找新的发展方向。

第三步：创新服务。了解到智能家居受欢迎后，万师傅提供了结合传统装修技艺与智能家居技术的全方位服务。

第四步：进一步开发个性化定制。万师傅利用自己的绘画技能，为客户提供定制的手绘壁纸，满足客户的个性化需求。

第五步：制作并销售定制家具，满足市场对独特家具的需求。

第六步：利用剩余材料制作家居小饰品，增加收入。

第七步：与家居品牌合作提供设计服务，同时开设线上课程，分享装修技巧，让自己的事业有了更多的想象空间。

注意事项

1. 即使有专业技能，也要保持持续学习。有很多老师傅之所以没办法获得更多收入，重要原因就是不愿意学习。
2. 注意和客户的沟通技巧，要注重与客户的沟通，确保满足他们的需求和偏好。
3. 面对行业困境，积极寻找创新的解决方案。

珠宝店员的手工副业

张英望着商场里稀稀落落的人群竟比店长还愁，毕竟身为店员，最为重要的工资构成便是提成部分。然而，近期不单是店里生意欠佳，整个商场的人流量都大幅减少。

别以为张英在珠宝店工作收入就高，她不过是一名普通店员，即便工作勤恳，基础收入依然有限。张英业绩出色时还能存下些钱，业绩不佳时则过得紧巴巴，况且她所在的城市消费水平颇高，生活压力真的很大。

张英有个合租的室友，是个心灵手巧的姑娘，因爱吃蛋糕竟跑去蛋糕店上班，趁着工作之时跟师傅们处好关系，学会了制作各种小糕点。

这一日，室友又拿着自制的蛋糕请张英品尝，张英咬上一口，心满意足地夸赞道："平平，你都能开店啦。简直太美味了！"

"好呀，等我开店，第一个就卖给你！"平平笑着回应道。

张英边往嘴里塞着蛋糕，边抱怨道："平平，你以后不上班了还能开个蛋糕店，不像我，啥都不会。"

"那你好好想想，你会啥或者喜欢啥。只要喜欢，不会咱们就学呗！"一语惊醒梦中人。是啊，张英当初不正是因为喜爱漂亮的首饰才选择成为珠宝店店员吗？以往她都只是抱着欣赏的态度，从未想过自己其实能够做一些这方面的小手工。就如同原本不会绳编的张英，因业务需要学会了好几种手链、脚链的编法，哪怕客人只买一颗珠子，也能让其佩戴在身上。

说做就做，当晚，张英便整理出一份原材料清单，她甚至等不及在网上下单，趁着次日调休，直接奔赴批发市场进行挑选。这一回，她不但选了很多的绳编线，还挑了一些珍珠和水晶，同时把DIY过程中所需的尖嘴钳、圆嘴钳、剪线钳和镊子等工具一应备齐。由于有编织手链的基础，她干脆把平结、蛇结、金刚结等多种编制方法统统学起来，每学会一种便思考如何进行结合。多种编织手法的交叉运用，使得张英的手链和项链愈发精美。由于需要大量练习，她不仅佩戴自己练手的“试验品”，还将其送给室友，甚至给家里的宠物猫戴。

绳编学得差不多之后，她又开始钻研焊接。从最初胆怯到后来从容，那些小金属部件，张英想怎么拼接就怎么拼接。随后，她还学会了打磨，经过打磨的饰品表面光滑无比，瞬间提升了质感。

这段时间，张英上班时不再感到无聊，她借助工作之机对柜台里的每件饰品都仔细观察，深入研究它们的组成和设计。

她未曾学习过设计，也不懂设计原理，但她会模仿，会动手实践。每每做出一个成品，张英都兴奋异常。家里的宠物猫成了她的专属模特。每一款成品，她都依照猫猫的尺寸制作，她还发朋友圈、发小红书。原本这仅仅是年轻人记录生活的寻常举动，未曾想到，张英持续发布同一类型的作品，使她收获了一批忠实粉丝，而且是垂直粉丝。一些喜爱宠物的铲屎官纷纷前来询问这些宠物饰品的价格，想要为自家毛孩子装扮一番。

“啊！”看到这些信息，张英忍不住惊叫出声，“商机，绝对的商机！我的副业要开启啦！”她兴奋地与室友分享。

张英做宠物饰品的事情丝毫没有向店长隐瞒，店长也为店员每天的进步感到高兴。店长本来就很喜欢张英这个小姑娘，因而同意她在没有客人的时候可以研究她的宠物饰品。得到店长的支持，没有客人的时候，张英就拿出小本子，将店里的饰品逐个进行结构拆解。谁也未曾料到，她小时候学习的素描在此时发挥了大作用。虽然无法完全创新，但成人饰品上获取灵感进行改造还是能够做到的。

有一天，一位路过的客人被正在制作手工的张英吸引而来，张英于是愉快地为客人介绍正在制作的物件，还展示了灵感来源的成人饰品，以及以往拍摄的戴在毛孩子身上的已有款式。

客人的男朋友是一位宠物摄影师，这些漂亮的饰品也能当作道具，她当场预定了几个已有款式。送走客人后，张英深感愧疚。因为她从未想过在工作时间处理自己的订单，店长允许她学习已经是极好的了。她赶忙跑去向店长汇报，店长也未曾想到柜台上还能有这样的生意，但他并未打算分张英的辛苦钱，毕竟金额不多，也没有责备她在工作时间开私单，因为他清楚那是别人主动询问的，况且张英在空闲时做手工也是经过他同意的。

又过了一天，那位客人带着男朋友再度来到店里，这一次是男朋友带她来挑选首饰的，张英热情地接待了他们。最后，他们才聊起张英的宠物饰品帮了大忙，上一组宠物摄影让客人特别满意。今天男客人带女朋友来挑选首饰，一方面是为了感谢女朋友，另一方面也是为了感谢张英。最为重要的是，他为张英带来了新的宠物饰品订单——那些摄影客人中有人希望为毛孩子购买饰品。

张英因此备受鼓舞，愈发卖力地制作宠物饰品。又有一天，她看到亲戚穿着亲子装拍摄的照片，忽然产生了新的灵感：那些爱宠物的人都把毛孩子当作自己的家人，是不是也会对同系列饰品感兴趣呢？于是，她选取店里一款销量极佳的常规款作为基础进行搭配，为其设计了一款配对型宠物饰品。

有一天来了一位客人，张英敏锐地发现这位客人的上衣有几根不易察觉的毛发。没错，那是养宠物的人才会有的。张英热情介绍，在对方仍在犹豫是否购买饰品时，她适时展示了自己搭配的宠物饰品，并称这是近期活动，买一赠一。客人似乎更宠爱毛孩子，也可能是很少见到有适合毛孩子的饰品，而且还能和自己看中的饰品配对，于是毫不犹豫地下了单。虽然这一单张英白送了一条手链，但是格局打开了，就不会吃亏。

之后，张英的宠物饰品生意日益红火。为了满足客户的需求，她不断学习新的技能和工艺，甚至专门去学习了珠宝鉴定的知识，以便能够更好地挑选原材料。

有一回，一位客户提出想要一款用特殊宝石制作的宠物项链，要求镶嵌工艺务必精细。张英四处寻觅合适的宝石，还向行业内的专家请教，最终成功完成了这个高难度的订单。客户极为满意，不仅给予了高额报酬，还为张英介绍了很多朋友。

张英的名声逐渐在宠物饰品领域传播开来，订单越来越多。而张英的生活也因这份副业发生了天翻地覆的变化。她不再为经济压力而忧愁，也在工作中找到了更多的乐趣和成就感。她所在的珠宝店，由于她的大格局、努力和创新精神，生意也逐渐好转。

多年以后，张英已经当上了店长，回首往昔，感慨万千。她庆幸自己当初没有消极等待，而是勇敢地迈出了第一步，才有了如今成功的自己。

翻身步骤

第一步：找到自己所热爱的事情。只有真心热爱，张英才会在任何时候都能坚持做下去。

第二步：有了热情作为基础，主动积极地去学习与发现。张英学习绳编、焊接、打磨等手工技能，制作手链和项链，并且敏锐地发现了宠物饰品这个目前少数人关注的市场。

第三步：利用现在用户非常广泛，而且有很强贴合度的小红书平台，分享作品，利用宠物饰品的独特性吸引了一批粉丝和潜在客户。

第四步：学会沟通。张英得到店长的支持，在工作之余研究宠物饰品，少了许多后顾之忧。

第五步：建立个人品牌。张英不断学习新技能，提升产品质量，满足客户需求。通过高质量的作品和服务，张英在宠物饰品领域建立了良好的口碑。

注意事项

1. 面对困境时，保持积极寻求解决方案的态度。当可能性出现时，我们要勇于尝试，将创意转化为实际产品。
2. 了解自己的兴趣和优势，将其转化为事业发展的动力。
3. 不论是在与同伴的相处中，还是在与顾客的交流中，良好的沟通会起到重要作用。

从“小皮匠”到“二次元大叔”

要不是一场没有预兆的拆迁，陆士其对自己的生活原本是非常满意的。

他是一个上海人嘴里的“小皮匠”，职校毕业后，他从老家来到上海，跟着父亲学习手艺。

他从小手巧，没多久就出师了。他找了一个靠近地铁口的市场，在里面租了个摊位，这一干就是20年。

20年里，靠着这个小摊位，他娶妻生子，还在老家买了房。妻子当初学的裁缝，孩子上幼儿园后，她就在陆士其的摊位上摆了个缝纫机，干起了织补的活。

夫妻俩每天一起出摊，一起收摊，整天笑呵呵的，是整个市场里都羡慕的模范夫妻。

“假如日子一直这样过下去，该有多好！”陆士其看到市场里张贴的拆迁告示时，忍不住感慨道。他今年41岁了，人到中年，他不喜欢自己平静的生活发生变化。他有些后悔当初嫌贵没有买下摊位。如果当初买下了，这次拆迁就能得到不错的赔偿金额了。

有人安慰他：“你有手艺，到哪里都不怕没饭吃。”

陆士其心想：可现在上海的房租实在太贵了。现在这个地方靠近地铁，周围有好几个小区，人流量大，如果离开这里，那些老客户还会来找我吗？

虽然不情愿，但新的摊位还是要找。陆士其将附近的市场转了个遍，始终也没找到称心的地方。

还有不到一个月，市场就要拆迁了，陆士其还是没找到满意的新摊位，再这样下去，他也要成为失业中年人了。他心里已经急得不行，但表面上还是装得若无其事，因为他不想让妻子担心。

这一天，他的摊子上来了几个十七八岁的年轻人，在许多大人看来，他们打扮夸张，奇装异服。陆士其知道，这是现在年轻人中最流行的cosplay（角色扮演）。

说起来，陆士其也曾是一个资深的漫画迷，所以对于现在年轻人的爱好，他抱着一种理解但不是很能接受的态度。

一个男生走到摊子前的小凳子上坐下，将一套皮质护甲递给陆士其问："老板，你看看，这个你能修吗？"

陆士其接过护甲仔细看了看，这是模仿古代战士皮甲制作的，样式倒还算还原，就是这质量……以他20多年的经验来看，这皮甲的质量实在是有些差劲。

修理这样的皮甲，对于陆士其来说是小菜一碟。他一边动手修皮甲，一边忍不住吐槽道："这皮甲，我当学徒那会儿做的质量就能超过它。这是谁做的？这样的质量怎么会有生意？"

"这是我们圈里一个大神手工制作的。"男生不服气地说，"买这一套，我花了上千块呢！"

"多少？！"陆士其不敢相信自己的耳朵。这皮甲并不是真皮材料，做工又这么差，在陆士其看来，完全不值男生说的价钱。

陆士其的大脑快速转动起来：上海的动漫展会是全国最多的，各种cosplay团体的数量也是巨大的。cosplay就需要大量的服装、道具，这里面免不了就要涉及各种皮具。一些动漫人物的衣服和道具，要批量生产不太现实，爱好者们只能自己动手或者找人定制。妻子会裁缝，他是个皮匠，还会一些钣金活、木工活……

陆士其觉得，自己也许发现了一个以前一直忽视的宝藏。

修好了男生的皮甲，陆士其和这些coser（角色扮演者）互留了微信。

"你们以后有需要定制的cosplay服装，都可以找我。我是个皮匠，我老婆是个很好的裁缝，我们一定保质保量、价格优惠……"

送走这些年轻人，陆士其就坐不住了。他到处打听上海哪里是coser喜欢去的地方。很快，他就知道了一条在coser圈中知名度颇高的“cosplay一条街”。

他花了两天时间，认真地逛遍了这条街上的每一个店铺。他跟许多店铺老板聊天，跟来逛街的年轻人聊天，慢慢地，一个想法在他心中萌发。

陆士其很快租好了店铺。这个店铺无论是位置还是人流量，都不如原来的店铺，只是租金还算便宜。

接下来的日子，在每天空闲的时间，陆士其就会打开手机，学习cosplay相关知识，了解cosplay最新资讯。

他认为自己已经对这个圈子足够了解了，便带着平时做的几样皮具和老婆做的一套衣服再次来到先前考察过的cosplay一条街。他找到上次聊得不错的老板，跟他说了自己的想法，商量能不能在他这里放一些广告，如果那些coser有定制、维修的业务，他肯定能保质保量地完成。

老板做这行已经很久了，一看这衣服和道具用料考究，做工精细，复原度也堪称完美，当时就答应了。

临走时，老板还给陆士其提了个小建议：“玩cosplay的群体，虽然也有收入不错的，但主要还是以学生群体为主，大多数收入有限。如果同一种款式能在保质保量的同时也有一些低价替代品，那就完美了。”

回去之后，陆士其仔细思考了老板的建议，他开始选择材料，调整工艺，设定价格。

第一周，没什么生意找上门来。他耐着性子，将网上能找到的各种cosplay服装和道具都放大打印出来，仔细研究细节。空闲时，他还会照网上的图样试着制作一下。

终于，老板打来了第一个电话。

这是个大活儿——某大学的cosplay社团要筹办迎新活动，他们要定制一批服装和道具。

“这可是我一个老客户，你一定不能搞砸了。”老板将定制要求交到陆士其手里时，千叮咛万嘱咐。

陆士其重新拿出当初当学徒时的刻苦劲头。那些定制要求中提到的许多细节，他都不了解，不得不从头了解。

整整10天，他和妻子终于将这批定制的服装、道具完成，准时交到了客户手里。

客户对陆士其的手艺非常满意，他们甚至觉得陆士其制作的服装和道具细节比他们想的还要完美、漂亮。

万事开头难。有了第一单，就有第二单、第三单生意。

随着时间的推移，cosplay小圈子里就渐渐流传，“有一个大叔热爱动漫，他制作的cosplay服装和道具，还原度接近百分百，质量也非常棒……”

陆士其的生意越来越好，许多年轻人特意跑到他的店里，找他定制。为了吸引这些年轻人，他将自己和妻子制作的服装和道具布置在店里。有时候年轻人看到喜欢的，就直接买走了。

这样做了三个月，陆士其一算账，发现自己原本想补贴一下店里的生意所带来的收入竟然超过了主业。

有人劝陆士其，干脆一头钻进cosplay圈，赚年轻人的钱算了。可一来他不知道这生意自己能做多久，二来他也放不下一些相处多年的老朋友，他还是决定先两边都做。

随着6月的到来，暑假临近，陆士其以为学生们会全力以赴备战考试，自己的生意会清淡下来。然而，出乎意料的是，他的生意竟毫无征兆地火爆起来。

老板送来的定制订单源源不断，他店里的顾客络绎不绝。陆士其不得不把老爸和在老家的外甥都叫来帮忙，妻子也找来了当初一起学裁缝的几个小姐妹。

几个人连轴转，还是来不及完成那么多订单。

陆士其跟来店里的年轻人打听下来才知道，原来暑假里上海会有两个大型的动漫展。对于coser来说，7月就是他们狂欢的节日。

接下来，在将近一个月的时间里，陆士其带着大家加班加点。当他们完成全部订单的时候，所有人都累得不想动了。

陆士其去了让coser激动不已的中国国际动漫游戏博览会和中国国际数码互动娱乐展览会。看着展览馆里拥挤的人流，以及年轻人脸上的激动和快乐，陆士其觉得自己确实抓住了一个最好的机会。

可是他又陷入了犹豫，自己要不要全情投入到这里，抛弃自己原来的生意呢？

翻身步骤

第一步：基于自身的能力特点，去寻找市场新兴的需求。陆士其拥有皮匠技能，妻子擅长裁缝。通过修理coser的皮甲，陆士其发现了cosplay市场的需求，并且通过自己的调查快速确定这是一个新兴的、值得一试的市场。

第二步：深入学习，掌握coser的服装和道具的结构、造型特点，并结合自己的手艺和材料进行创新，控制成本，以便让更多的学生群体接受，扩大市场面。

第三步：与cosplay一条街的老板合作，成为代理人，获取客户。这样就可以快速打开市场，让生意变得持续。

第四步：保持好奇心，深入市场，亲自参加动漫展会，了解行业动态，寻找更多商机。这一步其实很重要。我们容易在日复一日的赚钱养家劳作中，消磨掉自己的好奇心，丢掉很多新机遇。

注意事项

1. 陆士其虽然对cosplay文化有所保留，但仍然保持开放态度，愿意尝试新事物。
2. 无论是修理还是制作cosplay服装，陆士其都注重产品质量。
3. 面对市场的变化，陆士其能够及时调整自己的产品和策略。
4. 不断学习新的动漫文化，创新产品设计，满足年轻消费者的需求。
5. 在发展新业务的同时，陆士其没有完全放弃原有的客户和业务。

第五章 民以食为天的创富新解

上门做饭

赵大山终于走出了大山，站在大学校园里，他真的是感慨万千。小时候他不懂事，只顾玩耍，没有好好学习，还不知天高地厚地觉得自己只凭小学文凭也能闯出一番天地，幸好在爸爸的强硬要求下念了中专——学厨。

赵爸爸的想法很简单，“民以食为天”，学会做饭，即便日后到饭店掌勺炒菜，也能够维持生计。并且，他还察觉到，赵大山似乎对烹饪略存几分兴趣。让人没想到的是，赵大山踏入中专学习了一段时间之后，仿佛瞬间成熟，幡然醒悟，意识到中专学历于未来的生活而言，必定困难重重。于是，他萌生了继续深造的念头。所幸高考已经不再对中专生设限，中专生不但能够参加高考，还可以参与高等职业教育招生考试，进而迈入以培育实用技艺型人才为特色的高等职业院校深造——迈入大学之门不再是高中生的专属权利，中专生同样能够实现大学梦。就这样，觉醒后的赵大山凭借不懈的努力，最终进入大学校园之中。

然而，踏入大学校园的那一刻，赵大山迎来了更为现实的新挑战——大城市高昂的生活费和学费。家里经济状况并不理想，除了学习外，赵大山还要想办法兼职打工来减轻家里的经济负担。

赵大山报到较晚，本专业宿舍已经分完了，所以他的室友是其他专业的同学。虽然是不同专业的同学，但是他和室友们相处得非常愉快。大家知道大山需要兼职时，都会帮忙留意招聘信息。

于是，大山利用课下时间干了不少兼职，比如发传单、打扫图书馆，还在快递站帮忙分拣包裹……只要有兼职工作，他都干。

有一天，一个室友说他姐姐要请大家吃饭，室友的姐姐在这个城市工作许多年了，之前一直忙没有顾上来看弟弟，现在终于忙完一个阶段了，她想请弟弟的室友们一起聚聚，以尽半个地主之谊。

聚餐那天，却发生了个小小的意外。有一道菜，赵大山一口就吃出了不对劲，碍于别人请客，他也不好说什么，结果姐姐吃了一口也赶紧吐掉了。虽然坏菜找饭店换了，但是大家吃得都有点尴尬。聊天的时候，室友忍不住吐槽，还不如在家自己弄。姐姐也尴尬，为了给弟弟挣回面子，说饭后就去买菜。推脱不过的赵大山等人不好意思让姐姐花钱又出力，忙说自己可以下厨。年轻人相处，主打一个随心，姐姐得知这帮弟弟里面有个小厨师后，也很期待这场家庭聚餐。

果然，露了一手后，大家对大山的认识又上了一个新台阶，姐姐夸大山的手艺可以媲美一些大酒店了，还邀请大山下个周末再来帮忙做个饭。原来下周末是姐姐过生日。

大山很高兴自己的厨艺得到了认可，于是欣然接受了这个邀请。为了办好姐姐的生日宴会，大山还特意向姐姐打听了聚餐人员的喜好，因为姐姐的同事南北方都有，男女都有，有人喜欢清淡的，有人偏爱麻辣的，他希望尽量照顾到所有人的饮食习惯。

在大山的精心准备下，姐姐的生日宴办得特别棒。因为是自己买的原材料，材料都是最好的，比起饭店的菜来说真的物美价廉，而且好吃的还可以毫无压力地“续杯”。再者，大山自己就把厨房的事搞了，也不需要姐姐帮忙，所以这一次家里聚餐大家都非常满意。

姐姐听自己弟弟说过大山的情况，于是给包了个红包，说是辛苦费。大山当然不要了，两人推来推去，姐姐说:“你若不收，下次还想吃你做的菜都不好意思喊你了。而且，刚刚我同事还问我你愿不愿意去他家帮忙做饭，连续一周，因为下周她婆家亲戚来，但她做饭不好吃，天天带出去吃有点太费钱了，你手艺不错……”大山知道室友的姐姐是真心想帮他，也没有瞧不起他，而且他觉得做菜对他来说太容易了，又能有收入，为什么不答应呢?

就这样，赵大山又有了一个新的兼职——上门做饭。一个星期很快结束了，大山因为上门做饭额外收入500元，钱虽然不算多，但比起之前的兼职，做菜这件事是他喜欢的，也是他更能驾驭的。

很快大山又迎来了一个新单，是姐姐的另外一位同事。在和这些已经在城市里打拼好几年的哥哥姐姐们打了几次交道后，大山发现了商机。原来，城市里的一些人不会或不便于做饭，自信地喊一声“来我家吃饭吧！”成了一件奢侈的事。而且，现在大家对身体健康越来越重视，知道许多外卖商家对原材料没那么讲究，有条件的都不太愿意吃外卖了，上门做饭这件事看来需求挺大。大山越想越觉得可干，以前都是被动地等着姐姐介绍，这次他想好了，如果要把上门做饭当成自己的事，那自己也得主动去找订单。

于是，接完姐姐推荐的两个单后，他在58同城、兼职猫上发布了自己可以上门做饭只收取手工费的兼职信息，本以为订单会如雪花般飘来，没想到基本石沉大海。他虚心请教室友的姐姐，问上班族如果有这样的需求会从哪里寻信息。一问才知道，除了常规熟人推荐外，其实这属于家政类，是有垂直的领域平台的，比如阿姨帮等。另外偶尔也有人在小区微信群里发家政服务类信息。就这样，大山开始调整自己发信息的地方。他还无师自通开了小红书和微信公众号，每天发布一些信息，不教做菜，但是会写菜品小故事或营养价值小贴士。

经过一段时间的努力，大山终于接到了新单，而且是靠自己的渠道接到的。他实在太开心了，每次上门都充满干劲，尽心尽力给客户做好饭菜。

随着上门做饭次数增多，大山遇到了越来越多的困难。首先就是时间安排。有一次，大山因为临时有事，耽误了时间。等他赶到客户家时，已经晚了半个小时，客户虽然没有责怪他，但是大山却过意不去。他意识到，要想在这个行业立足，必须提高自己的时间管理能力和应变能力。

慢慢地，他摸索出了一套不耽误学习、节约时间成本的流程。比如，他会提前把自己会做的菜做成分类PPT，包括区分私家小厨房的特色菜和家常菜。接单前，他会先把电子菜单给到客户，让客户先选。如果菜单上没有客户想要的，或是客户有特殊需求，再进一步沟通菜品。当然，他也会根据客户的用餐人数和饮食习惯为客户提供建议。选定菜谱后，会将每个菜品需要准备的原材料列出。客户只需要根据清单备货就好。有些不常用的佐料，大山也会自己备着。如果客户买菜不方便，只要时间允许的话，大山也会帮忙购买。

不仅如此，在一些特别的节日或是客户表明是特殊纪念日时的订单，赵大山还会主动提出主题餐食，比如情人节的浪漫晚餐会做个漂亮的摆盘。遇到客户有孕妇，他还会暖心提醒哪些不适合吃，可换些什么。有一次，遇到一位客人患有糖尿病，大山特意为其准备了适合糖尿病患者的食谱，不仅使用了低GI（血糖生成指数）食材，还注意到了烹饪方法，以确保食物健康且美味。为了更好地服务客户，他还去上了营养师课。

赵大山的口碑越来越好，订单也越来越多。系里的同学知道后，都为赵大山的自食其力竖起了大拇指，希望他能带带他们。于是，几个小伙伴就这么组成了一个“来我家吃饭吧”的小团队。由于价格合理、口味多样，他们的服务非常受欢迎。

如今，赵大山和他的团队在城市中逐渐站稳了脚跟，他们的故事还在继续，相信未来会更加精彩。

翻身步骤

第一步：不要小看自己的任何一项技能，用心去发现潜在的商机。赵大山就是在一次聚餐中通过自己的厨艺获得了认可，并发现了上门做饭的商机。

第二步：除了通过传统的口口相传来拓展业务，充分利用专业平台进行自我营销也是很重要的一步。比如赵大山在专业家政服务平台发布信息，拓宽客户来源；通过小红书和微信公众号发布内容，吸引潜在客户。

第三步：通过提前准备菜单、提供营养建议等方式，提高服务质量，提升客户满意度，建立良好的口碑。

第四步：组建团队，提供更多样化的服务，以适应不同客户的需求，从而把生意做大。

注意事项

1. 准备餐食，时间管理非常重要，通过提前准备和优化流程来节约时间。
2. 不断提升自己的烹饪技能，学习营养知识，以提供更专业的服务。
3. 与客户保持良好的沟通，了解他们的需求和偏好。
4. 不断探索新的服务方式和营销策略，以适应市场变化。

无门面创意蛋糕店的经营之道

“怎么说倒闭就倒闭啊，咱们怎么办？”李丽抱着张强哭得那叫一个伤心。这对年轻的小夫妻来到这个繁华的城市并不久，他们原本一起在一个蛋糕店工作，没想到蛋糕店忽然倒闭了。

张强拍着李丽的背安慰道：“没事，没事。”心里却在盘算是不是趁此机会自己把店开起来。

前段时间他们就发现了任职蛋糕店经营管理上的一些问题，可他们俩才来不久，人微言轻，虽然反映过，但老板并没有重视已经出现的问题。谁能想到这些问题已经严重到如此地步，居然店都倒闭了。别看张强只是20多岁的小伙子，他怀揣着蛋糕梦却已经有10多年了。是的，他一直想拥有一家属于自己的蛋糕店。从小就对甜品感兴趣的他，不仅喜欢吃，还喜欢做。所以，他遇到李丽这个同样对蛋糕、甜点感兴趣的女孩子后，他们很快就走进了婚姻的殿堂。张强觉得自己简直就是这个世界上最幸福的人，他说：“如果再有一间自己的蛋糕店，就更完美了。”

他们怀揣着对甜品的热爱和对梦想的执着来到大城市。他们找了一家蛋糕店工作，一开始想的便是先打工熟悉一下流程，看看一个店正常运营会涉及什么，等时机成熟，存些钱便可以开自己的店了。让他们万万没有想到的是，入职的蛋糕店居然这么快就倒闭了。李丽哭得这么伤心，很大程度上并不是因为失去了工作，而是担心同样想开蛋糕店的他们的梦想会破灭。

虽然蛋糕店是因为存在一些问题致经营不善才倒闭的，但是李丽打听过，大城市里的房租和门面转让费也是一笔让人望而却步的数字，许多店家就是因此而关门的。

老一辈总说：“只要你下定决心，就没有办不成的事。”张强也没有放弃，他决定尝试无门面经营，开启一段独特的创业之旅。

“丽丽，咱们开店吧！”张强越想越兴奋，“你和我做的蛋糕都是经过客人认可的，咱们做一些在小区门口给邻居们试吃，如果他们觉得好，咱们就让他们微信预订。我们没有门店成本，还能卖便宜点，可以送货上门，客人不用出门就能收到美味的蛋糕……”

丽丽闻言，止住了哭，认真想来，似乎这个事也不是不可能。“强哥，你太聪明了，我觉得可以试试。不过，虽然咱们不能开实体店，但是我们还是应该办好相关手续。而且，咱们的原材料一定也得用好的。”“当然，必须真材实料。那是咱俩的梦想，不能砸自己的牌子。”

说干就干，两人先去申请了个体营业执照，然后就开始做试吃样品。他们所在的小区人流量挺大的，大多数住户都是普通的上班族，而且年轻人居多，大部分人都是以点外卖为主，开火自己做饭的不算多。

张强和李丽对自己蛋糕的口感要求还挺高的，试吃那天异常火爆。认可了其口感的邻居们都留了小丽的微信，除了预订一些纸杯小糕点，还有一位预订了生日蛋糕。可以说，这无门面的蛋糕店开得特别顺利。

为了吸引更多的客户，张强和李丽充分利用社交媒体和网络平台进行宣传，他们每天都会在微信朋友圈发制作糕点的照片和成品样图，从搅拌面糊到精心装饰，每一个细节都通过视频和图片展现得淋漓尽致。还有在小红书上，他们不仅展示着他们精心设计的蛋糕的图片，还都给配了小故事，有的是制作时的想法，有的是送货途中的趣事。

当然，除了宣传，他们更注重的是蛋糕的质量和口感。他们精心挑选优质的食材，不断尝试新的配方和制作工艺，以确保每一款蛋糕既美味又独特。

除此之外，他们的服务也超级好。既当老板又当跑腿儿的张强，一直都尽最大的努力满足客户的需求。有一次，一个小姑娘过生日订了蛋糕，原来的送货地址是某小区，结果临出发时，客户却发来新的收货地址，说孩子们闹着要去公园过生日，等不及蛋糕要先去，想让张强把蛋糕送到公园。张强连一句抱怨都没有，还一直承诺尽快送达。最后，满头大汗的张强提着蛋糕准时送达，孩子们惊喜的笑容让张强深感自己的努力是多么有价值。

他们为这个没有门面的蛋糕店取了个名字——“梦想之家”。在经营的过程中，张强和李丽始终坚持以客户为中心的理念，关注客户的需求和反馈，不断优化产品和服务。

随着业务的发展，李丽想到了一个新点子——移动蛋糕车。他们盘下一辆二手小货车，并把这小货车改装成了充满温馨氛围的蛋糕车，车身绘满了精美的蛋糕图案。每逢周末，他们就会将蛋糕车开到热闹的商场周边。独特的造型吸引了众多路人的目光，蛋糕车前排起了长队。

有一次，一家公司要团建，公司的人事看他们的纸杯蛋糕颜值挺高，就下了一个大订单。听说他们是为了庆祝公司成立1周年纪念活动，李丽为了感谢公司的信任，设计了一款符合他们企业文化的蛋糕并赠送。结果，人事投桃报李，定下了未来一年为他们的员工生日提供定制蛋糕的合作。每个月，他们都会根据员工的喜好和企业文化，设计出别具一格的蛋糕。这不仅为他们带来了更加稳定的收入，还提升了知名度。

功夫不负有心人，夫妻俩的努力得到了回报。有一位美食博主分享了他们奋斗的故事，一时间，李丽的社交媒体账号关注量飙升，订单也如雪花般飞来。

李丽和张强除了一如既往地保持口感，在外形上也下了功夫。情人节，他们推出了浪漫的心形礼盒套装，里面除了美味的蛋糕，还有手写的情书卡片；中秋节，他们巧妙地将月饼与蛋糕结合，打造出独具特色的中秋礼盒。最受欢迎的还是辞旧迎新的新年蛋糕，一句句充满力量的话语像给蛋糕赋予了新的使命一般。没有节日的时候，他们就看热点，各种造型都能驾驭。他们为客户提供了个性化的主题定制服务，比如按照客户提供的照片或者设计要求，制作独一无二的专属蛋糕等。他们依然在抖音、小红书、微信等社交媒体平台持续发布作品，现在也有了一批粉丝。偶尔张强与李丽便开展粉丝互动活动，如问答、抽奖等，以增加粉丝的参与度和关注度。比如，定期发布“猜蛋糕口味”的活动，猜对的粉丝有机会获得优惠券。

现在，“梦想之家”虽然依旧没有实体店，但是已经搬到了更加宽敞的地方进行制作，而且还招了一个新人帮忙。他们相信只要保证品质与服务，生意会越做越好的。

翻身步骤

第一步：换个角度看问题。面对工作的蛋糕店倒闭，李丽和张强没有放弃，而是看到了创业的机会。

第二步：结合实际设计创业路径。张强根据实际状况提出了无门面经营的想法，通过微信预订和送货上门服务降低成本。

第三步：前期多样化宣传。李丽和张强在小区进行试吃活动，还通过微信朋友圈、小红书等平台宣传自己的蛋糕，吸引顾客群体。

第四步：保证产品质量。质量是无门店经营的生命线，李丽、张强注重蛋糕的口感和质量，使用优质的原材料，保证产品的口碑。

第五步：创新化经营。他们创新地使用改装的蛋糕车在热闹地区售卖，吸引顾客。根据不同节日和热点提供主题定制蛋糕，满足顾客的多样化需求。

注意事项

1. 确保所有经营活动符合当地的法律法规。
2. 始终保持高标准的产品质量，使用优质的原材料。
3. 提供优秀的客户服务，包括快速响应和满足特殊需求。
4. 不断探索新的营销和服务方式，如移动蛋糕车和主题定制服务。
5. 有效利用社交媒体平台进行宣传和互动，建立品牌影响力。

外婆的辣椒酱的传承与创新

徐敏是个无辣不欢的湖南妹子，大学毕业后，她到杭州打工，在一个电商公司做电话客服。她喜欢杭州的一切，唯独接受不了这里的饮食。

每天中午，她都只能草草吃点。吃不饱饭，整个下午，她工作都是无精打采的。每到吃饭的时候，她都会特别想家，特别想念家里加了辣椒并且看上去特别开胃的菜肴；特别想念外婆做的红艳艳的特别好吃的辣椒酱。十一长假，她禁不住对家乡的思念，更禁不住对外婆做的辣椒酱的想念，回了次家。再次回到杭州的时候，她那大行李箱中满满当当装的都是外婆做的辣椒酱，还有外婆制作辣椒酱的秘籍。

在一个公司里，总是会有关系好的同事成为固定的饭搭子。大家一起吃午餐的时候，可以聊聊八卦，说说笑话，让午休变得更加轻松愉快。徐敏的饭搭子很快也喜欢上了她的辣椒酱。原先徐敏能吃一周的辣椒酱，在同事们的瓜分下，往往不到两天就会瓶子见底了。

“好神奇，虽然我不太能吃辣，可这个辣椒酱让我一边觉得嘴里着火了，一边还想继续吃。”一个杭州本地的同事说，“要是这个辣椒酱的辣度能降低点，就完美了。”

“这个辣椒酱好吃是真好吃，就是辣度还不够。”江西的同事说，“要是再辣些，那才是真美味。”

“好吃，好吃！”四川的同事喜欢用辣椒酱拌饭，每次都能多吃一碗饭。

看着外婆的辣椒酱这么受欢迎，徐敏很高兴。她大方地给这些要好的同事一人送了一瓶。

令人没想到的是，这次赠送开启了她的辣椒酱升级之路。

没过几天，拿到辣椒酱的一位同事又找到徐敏。原来上次那瓶辣椒酱一拿回家，她家里人就爱吃得不得了，没几天工夫，一瓶辣椒酱就吃得干干净净了。

“徐敏，能不能再给我一瓶？我可以出钱买。”

“出钱买”这三个字刺激了一下徐敏。要知道她一个人在杭州工作，日常的开销有些超过她的承受能力了。她与人合租，在食堂吃饭，尽量减少所有不必要的开销，就这样，一到月底，她那工资也剩不下多少了。外婆的辣椒酱竟然有人愿意出钱买？那带回来的辣椒酱是不是可以出售给同事啊？

她这么想，也这么做了。在通过电话询问了外婆制作辣椒酱的成本之后，她以一瓶15元的价格，将剩下的十几瓶全都卖给了同事。

徐敏卖这些辣椒酱的初衷可不是为了赚钱，她是想要看看，到底有多少人愿意为了她外婆的辣椒酱付钱。没想到，销售的情况远远出乎她的预料。

这个生意能做啊！徐敏心里冒出了这个念头。做辣椒酱，这对从小就在家烧饭的她来说，实在是小菜一碟，只不过要把辣椒酱做得如外婆做的那样好吃，还是缺一些火候。好在十一回家，她把外婆做辣椒酱的秘方抄了回来，如果能做出和外婆做的一样好吃的辣椒酱，那她就能多一笔收入了。不对，她要做出比外婆做的还好吃的辣椒酱！

说干就干。双休日，她跑遍了家附近的几个菜市场，买齐了外婆秘方里的所有材料，回到家后立马开干！

她热情高涨，可她忘记了一件事——她是和人合租的。炒辣椒的时候，那呛人的烟气引来了合租伙伴的一致抗议。

不能在家干，那该怎么办呢？这可愁坏了徐敏。自己租一个房子，暂时她还没这个经济实力。难道真让外婆做完了，快递给自己吗？

犯愁了两天，徐敏找到了解决办法。她想到了一个关系不错的大学同学现在也在杭州，他在杭州郊区的一个饭馆工作。那个饭馆是他爸开的，现在交给他来管理。

徐敏联系了那个同学，将自己的需求一说，没想到同学没有丝毫犹豫就答应了。

双休日一大早，徐敏就把材料装了两大包，地铁转公交，一路来到了同学家的饭店。

趁着早晨饭店没生意，徐敏一通忙活，可是最后成品的辣椒酱并没有达到她想要的味道。

同学品尝了她做出的成品和她带来的外婆做的辣椒酱之后，给出了一个很中肯的评价："假如没吃过你外婆的辣椒酱，你这个做得其实也不错。"

不甘心失败的徐敏一次次调整，甚至她还跟外婆开启了视频连线，寻找味道不足的原因。

整整一个多月的时间，每到双休日，她都会背着两个大包，坐一个半小时的地铁和公交，来到同学的饭店，不停试验自己调整后的辣椒酱。而她的那位好心的男同学，每次都是做无偿试吃员。

终于，在调整了辣椒品种、火候、油温和其他调料的配比之后，徐敏做出了外婆辣椒酱的味道。那一刻，她兴奋地一把抱住那位好心的男同学，她觉得靠着这辣椒酱，自己会打造另一个老干妈品牌。

被她抱得满脸通红的男同学这时问了一个问题，让兴奋的徐敏冷静了下来："你这个辣椒酱，想要卖给谁？想要怎么卖？"

是啊，这段时间她一直思考的只是怎么做出辣椒酱的问题，至于怎么卖出去，她完全没多想。

如果只靠卖给身边的朋友，销量是有限的。可如果要大规模销售，不说这种食品类商品需要办什么证、什么手续，就说如何找到自己的目标人群，她也是一头雾水。

"我们可以合作啊！"男同学看着眉头紧锁的徐敏，笑着提议道。

对啊！徐敏的眉头一下子舒展开了。男同学家里就是开饭店的，证照齐全，饭店需要辣椒酱，如果客人们觉得好吃，这里是个不错的销售场所。

"不过，我们这里本地客人多。你的辣椒酱如果要卖给本地客人，辣度可以适当降低些。"男同学好心地建议着。

徐敏心想：对！江西同事觉得不够辣，四川同事觉得正好，杭州同事觉得好吃但太辣……如果自己能做出不同辣度但同样好吃的辣椒酱，那是不是就能照顾更多人了呢?

徐敏马上开始了新一轮的试验。她双休日还是会来到这个饭店，先按照已经成功的辣椒酱配方制作一批辣椒酱，供男同学的饭店使用，然后再尝试制作不同辣度的辣椒酱。

她全身心地投入到自己的辣椒酱事业中，工作日只要一下班，她就会到处寻找适合做辣椒酱的原料，还会上网搜索各种配方进行尝试。过年放假，她也没回家，干脆住在男同学饭店旁的旅馆，每天就泡在厨房中。而她那位男同学也放弃了回老家，每天都陪着她进行各种尝试。

她终于完成了对外婆辣椒酱的改良，做出了五种不同辣度的辣椒酱，还阴差阳错地做出了一种味道超棒的牛肉辣酱。

过完年，这几种辣椒酱很快就成了这家饭店吸引客人的招牌。凡是吃过的人都说这是他们吃过的最好吃的辣椒酱。

现在，距离徐敏做出六种辣椒酱已经过去两年了。她已经从原来的公司辞职，专心于辣椒酱的开发和制作。她还在男同学家的饭店，只不过现在她的身份已经是老板娘了。

两年里，徐敏通过饭店和网络销售辣椒酱，她开发的辣椒酱已经有十二个品种了。那位男同学现在是徐敏的丈夫，专门改造了一间厨房，招了员工，帮徐敏生产辣椒酱。

可惜生产规模还是有些小，生产出来的辣椒酱总是供不应求。

随着产品的知名度越来越大，徐敏开始考虑规模化生产的事情。有许多投资公司了解了徐敏的辣椒酱后，表达了投资的意愿。

徐敏没想到，外婆的辣椒酱会给自己的生活带来这么大的变化。她现在有了自己的家，还有了自己的事业。

她现在最想把外婆接到杭州，跟她比一比，到底谁做的辣椒酱更好吃一些。

翻身步骤

第一步：从个人需求出发，找到商机。很多时候，我们个人的需求是具有普遍性的需求，那么想办法满足自己的需求，也就有机会打造出一个能满足大家需求的商品。

第二步：如何确认自己的需求具有普遍性呢？和朋友们分享是一个很好的方法。通过分享，就能获得第一手的真实反馈。

第三步：做好测试。盲目的自信和投入是不可取的，所以进行小范围的市场测试（特别是真实的消费测试）才能知道是不是真有人愿意花钱来买，这是一个产品变成商品重要的一个环节。

第四步：解决生产问题。徐敏只是遇到一个场地问题，而且还幸运地找到了一个开饭店的同学。在不同的创业活动中，在生产环节会遇到各种各样的问题，都需要一一去解决。

第五步：从合作销售开始。在现代社会，单打独斗是很困难的，而各方资源对接的合作能提高效率，有机会把事情做大。

第六步：保证商品的多样化，满足不同消费者的需求，覆盖更多的人群，生意自然就能做大。

注意事项

1. 确保辣椒酱的生产过程符合食品安全标准。
2. 了解并办理相关食品生产和销售的证件和手续。
3. 提供不同辣度和口味的辣椒酱，满足不同消费者的偏好。
4. 不断尝试新的配方和制作方法，提升产品竞争力。
5. 与合作伙伴共同开发市场，实现互利共赢。

小土豆成就大事业的启示录

如果要选一样食物来代表童年，文贤强的首选肯定是土豆。出生在甘肃定西的文贤强从小就泡在土豆里，在他的童年记忆里，香甜软糯的土豆是他儿时甜蜜的回忆，更是难忘的家乡味。有句话叫“定西有三宝，土豆洋芋马铃薯”，可想而知，土豆在定西人民生活中的重要地位。

虽然离开家乡10余年，但文贤强的餐桌上依然离不了土豆。平日里，炒一盘爽脆可口的酸辣土豆丝，炖一碗色香味浓的土豆烧牛肉，拌一碟味道鲜美的土豆沙拉……处处可见土豆的身影。

文贤强和妻子是在外出打工的时候认识的，他们结婚后继续留在了大城市。这天，正吃着饭，妻子接到了老父亲的电话，说村上又出了新政策，回乡发展有补贴，又说起自己也干不动了，地里荒着太可惜了。其实，老人家是想闺女了。张贵芳是独生女，虽然她很小就辍学外出打工，但老人家把全部的爱都给了张贵芳。说起来，独生女在农村并不常见，但是因为一些特殊的家庭原因，张贵芳父母的确只养了一个闺女，所以文贤强和张贵芳结婚时，也是知道他们迟早要回妻子家承担照顾老人的责任的。好在文贤强还有一个弟弟和一个妹妹，他们都在当地结婚生子，可以照顾父母。

听到老人家再次催他们回家发展，两人动摇了。前些年，经济形势好，厂里活儿多，他们还能存不少钱。但是这两年经济形势不好，老板接不到活儿，他们也没有活儿干，只能保障基本生活，的确不如回家去。可是，回去干什么呢？文贤强夹着土豆丝，边听妻子打电话边想这件事。

电话那头的老丈人问他们晚饭吃的什么，只听妻子回答“土豆丝”。文贤强接过电话，电话那头传来老丈人的声音：“你们真的是天天吃土豆也不腻，家里那地给你们种土豆吧，回来吃个够！”其实，他们也不是顿顿吃土豆，只是土豆上桌频率较高。

“回家种土豆也不是不可以，我可是种土豆的一把好手。”文贤强接过话茬儿和老丈人互动起来。他们一向相处得很好，如亲父子一般。

这次电话结束后，文贤强真的开始认真思考回乡一事。他对妻子说：“也许真可以回去种土豆。”定西的土豆种植史已经有200多年了，他们经历了以年为单位的观察研究，有站在前辈的肩膀上收获的种植经历，也有刻在骨子里的种植基因。文贤强小时候就跟着爷爷下地种土豆，他觉得自己离开定西也能把土豆种好。而且，随着各产业链的完善，土豆的吃法一直在创新、在变化，听说老家的土豆文化越来越丰富了，许多人就围绕着土豆在生活。夫妻俩达成共识，回家陪老人，回家种土豆。

文贤强没有用老丈人家自留的种，也没有去妻子家的市集买种，而是让定西的弟弟给寄了一些种。

地里空着肯定是要种点啥的，虽然真的可以种土豆，但是只靠地里，生活风险太大。

早在三年前，文贤强就和张贵芳在镇上建了个带门面的房子，只是老丈人觉得空着浪费，租给了别人做生意。虽然房子在镇上的一个巷子里，但是人流量还不错。那里的人们隔一天就赶一次集，大都要路过他们房前，而且附近还有一所小学和一所初中。若把门面收回来，做个小本买卖也是能养活家人的。正好厂里的钱也不好挣了，不如回家卖点啥。

说干就干，文贤强是行动力很强的人。他一边安排地里的种植工作，一边把房子收回，准备开土豆店的相关事宜。有一天，他看到沈阳小土豆餐饮的发展史，知道创始人刘新曾是下岗工人。人家都能把小土豆做出150个菜出来，作为定西人，他还怕弄不出个土豆宴吗？于是，他就开始一边搜集现有的土豆吃法，一边看还能不能有所创新。定西人爱吃的洋芋擦擦可以上，就是类似于煎土豆饼，但是它混合了鸡蛋；马铃薯豆腐可以上，就是土豆、豆腐混合打成浆再放锅里蒸，成形后切成小方块，双面煎黄；焗土豆也可以上，就是把土豆掏空成碗状，往里放培根、冬笋等混合食材，浇上鸡蛋液烤……当然，像洋芋粉条五花肉这一类下饭菜也是少不了的。

很快，文贤强的“土豆宴”饭店就开起来了。小店容客量是有限的，虽然土豆可做的菜品那么多，但他不会一下子把菜单全放出来给自己添麻烦。他一次就推出五道菜，五道菜维持一周，第二周换另外五道菜，这样可以让自家的土豆菜一直保持新鲜感。

张贵芳也是能发现商机的人。她发现，午饭结束后大概三四点，就会有一批学生经过，是小学生放学回家了；晚上九点左右又有一批学生经过，是中学生上完晚自习回家。虽然这两个点都不是饭点，但是有人就有生意可做。于是，她便做了一些土豆小食，比如炸土豆块、狼牙土豆棒、烤土豆等，都是方便分成小份又能边走边吃的小食。孩子们不会坐下来吃，他们都是刚从学校放学急匆匆赶回家的，土豆小食既能解馋又能解饿，而且不贵，简直就是他们的首选。

眼看着生意越来越好，土豆宴的名气越来越大。县城里也有不少人专门跑来尝他们家的土豆宴。大概三个月后，有一天，来了一位特殊的客人。这位客人每一道菜都要了一份，听说第二天要换新的菜谱后，第二天又来，把新菜谱上的菜又都要了一份。她连着两天，吃了十份不同的土豆做的菜。第三天，这位特殊的客人又来了，等其他人都走掉后，她找到了文贤强，表明了来意。原来，这位客人是某出版社的生活类图书编辑，她这次回乡探亲偶然间听朋友说起了土豆宴，她感觉很有意思，便找来了。文贤强的菜虽然没有精致的摆盘，但每一道菜都很下饭。很下饭的家常菜正是她在做的一个生活书系列的选题。土豆作为一种常见食材，如果有一本专门做土豆的菜谱，也很有意思，于是，她三次拜访土豆宴。

文贤强当然愿意分享，于是，经过两人的通力合作，一本《土豆洋芋马铃薯》就问世了。

图书上市之际，地里的土豆也丰收了。盘山而上，层层梯田郁郁葱葱，文贤强陪同编辑老师请的摄影师走进自家田间，眼前是一垄垄绿油油的土豆。这次是要为他拍个宣传视频，一是卖土豆，二是推广图书。一路上，文贤强的笑就没有停过。其实，地里种的那点土豆根本不需要卖，他自己的店也能慢慢消化完，但是，编辑老师说需要让地里的土豆发挥更大的作用：买土豆送菜谱，这菜谱就摘自《土豆洋芋马铃薯》，是试读本，目的就是为了让更多的人知道这本书。当然，土豆也是真卖。

这本书的确把文贤强的土豆事业推向了一个新高度。书放在土豆宴店里，来往客人又增多了不少，甚至有人就想高价买作者种的土豆。当然，卖土豆赠的试读本也为图书带来了新的销量，不仅给文贤强带来了版税，更是让更多人知道了他的故事。他现在特别满意自己这一年经营的“土豆王国”。

翻身步骤

第一步：强烈的爱能创造奇迹，哪怕是对吃土豆的偏爱。亲爱的读者，你也可以想想，有什么东西对你而言是称得上偏爱的。也许这也可以成为你翻身发展的第一步。

第二步：抓住目前农村发展的机遇。我们总说城市的机会多好赚钱，但现在基于健康饮食的理念，农村出产的原生态、自然有机、健康食材有着巨大的发展空间。

第三步：做到极致的创业策划。文贤强想到了就做一个单品土豆，但是并不单一，而是用土豆开发出多种多样的美食。

第四步：通过免费品尝吸引顾客，打开销路，提升店铺的知名度。

第五步：抓住机遇，与出版社编辑合作，出版土豆菜谱书籍。通过书籍和视频宣传，提升土豆宴的品牌影响力。

注意事项

1. 提供多种土豆菜品，满足不同顾客的口味需求。
2. 不断尝试新的土豆菜品，保持产品的创新性和吸引力。
3. 利用社交媒体和口碑传播，提高品牌的知名度。

社区团购的跟随者策略

胡蓉最近有点发愁。

一年前，她和丈夫用多年的积蓄从老乡手里盘下了一个小超市。小超市在一个小区的大门旁，有烟草专卖证，平时主要做小区居民的生意。一开始，小超市的生意不错，上班族早起买个水，孩子放学买个零食，都会首选家门口的小超市。胡蓉对人和气，定价合理，重的东西让丈夫在有空的时候送货上门，很快，许多小区居民就对这家小超市称赞有加。

可是三个月前，在距离小区400米的地方开了一家大超市，这让胡蓉的小超市生意一落千丈。毕竟对于小区大多数居民来说，大超市价格低、品种全的优势，不是小超市单靠胡蓉人好就能弥补的。

屋漏偏逢连夜雨，上个月房东又找来，告诉胡蓉租约马上要到期了，如果还要续租，房租要涨15%。胡蓉算下了账，如果销售额继续下滑，再加上房租上涨，那她每个月就算延长营业时间，压缩不必要的成本，最后的利润也就勉强跟她以前在公司做文员的收入差不多。

她开这个小超市，就是为了增加收入，若收入和以前差不多，人却要比以前辛苦很多，她又何苦干这个呢？她想要增加收入，可是现实如此，她该怎么做呢？

跟丈夫商量后，胡蓉决定最后再试一个月，假如小超市还没起色，就把店面转出去，不继续做了。

接下来的时间里，生意还是不够好，心灰意冷的她已经做好了关店走人、重新找工作的准备。

然而，让她万万没想到的是，转机竟然是表妹从老家带来的蛋。

十一假期，同在一个城市工作的表妹回家了，因为要看店，胡蓉就托表妹带了一些东西回家给爸妈。表妹回来时，带来了胡蓉爸妈给她捎带的一大篮子蛋。除了鸡蛋外，还有鸭蛋、鹅蛋和鸽子蛋。

胡蓉将装满各种蛋的篮子随手放在了小超市的柜台前，准备晚上带回家。

下午放学时间，一个奶奶带着上幼儿园的孙子来到店里买东西。小家伙看到篮子中的鹅蛋和鸽子蛋，一下子来了兴趣。他拿起两个蛋反复比较，问奶奶："这是什么蛋？怎么一个这么大，一个这么小？"

奶奶走过来一看，告诉孙子："大的是鹅蛋，小的是鸽子蛋，我都有些年没吃过了。"

孙子马上问："好吃吗？"

"好吃，奶奶给你买点尝尝吧！"

胡蓉看到老人想买，就给出一个低于市场价的价格卖了。当奶奶带着孙子，提着蛋开开心心地离开时，胡蓉隐隐约约有了一些想法。

下午这个时候，许多老人都会在小区散步。奶奶提着蛋刚进小区，就遇到几个老朋友。他们看到奶奶拿着的鸽子蛋和鹅蛋，又问了问价钱，立马就让这位奶奶带着来到了小超市。

没用多少时间，胡蓉那一篮子蛋就卖完了。没买到的人还说："老板娘，下次多进点货……"

如果一些商品在能保证大批量出货的前提下，用低于市场价的价格卖给小区居民，这会给自己的小超市带来转机吗？胡蓉思考着，然后上网查看，发现这其实就是大家熟悉的团购思路。只是以往胡蓉认为，团购都是网站或者一些大超市才能组织的，上网查资料才知道，原来小超市才是最适合团购生存的土壤。

接下来的几天，胡蓉上网仔细了解了像她这样的个人小超市该怎样经营团购。她越了解，越觉得这生意能做。丈夫开网约车，闲暇时间能帮忙运货；她守着店，可以接单、做客服；顾客回家的时候，可以到店里拿货；对于一些有困难的顾客，她和丈夫可以利用早上和晚上的空闲时间为他们送货上门……

胡蓉说干就干，很快就注册了微信小程序，然后利用一些小程序制作网站的资源，制作了自己的团购小程序。

有了小程序，接下来她就要联系货源。她还是决定先从蛋做起，毕竟在她老家，家家户户都养鸡、养鸭。亲戚朋友中开养鸡场、养鸭场的，做咸蛋、皮蛋的，人数还不少。

很快，她就联系到了货源。这第一单生意，她好说歹说，亲戚朋友们给了她一个很优惠的价格。货源有了，接下来就是怎样让小区居民知道她的团购了。

为此，她采取了多管齐下的方法。她在各个小区群里主动宣传，并且开展了一些调查，调查大家最需要团购的商品有哪些。

在店里，她开展了“加好友，注册送鸡蛋”活动。许多小区居民通过这个活动知道了她这里会有价格优惠的团购活动。

接下来，她在朋友圈里展示这次团购的商品——鸡蛋、鸭蛋、咸蛋、皮蛋，照片都是让老家的亲戚朋友现场拍的，并且配上了生动有趣的文案。很多小区居民都点了赞，还有许多人问胡蓉团购什么时候开始。

看时机成熟，胡蓉让丈夫开车回老家取货，而她及时将商品在自己的团购小程序上上架了。

第一次做团购，胡蓉心里没有把握，她想了很久，把定价设为“首单特惠价”。这个价格是她跑了周围的超市和菜市场比较各种价格后做出的，肯定是最低的。

出乎她意料的是，第一次团购竟非常火爆。丈夫拉回来的鸡蛋不到一天就销售一空，他不得不第二次、第三次返回老家拉货。

小区居民的购买热情一直持续了三天。胡蓉分析，这一方面是因为这次的价格确实低，另一方面也有宣传和大家对自己认可的原因。

第一次团购，利润并不高。可这对于胡蓉来说不重要，通过这次团购，她确信小区团购对于小超市是非常好的经营方式。她开始更用心地研究团购货源。

对于小区居民，尤其是年长的居民来说，什么样的货物最能吸引他们团购的热情呢？胡蓉分析出了三点：第一，家中常用，消耗较大；第二，价格较周围市场价有明显优势；第三，良好的互动和服务。

胡蓉针对这几点做出了有效的应对。

首先，联系优质货源，尽量直接联系产地或者厂家，保证质量。上架货品，大多数是小区居民日常消耗大的油盐酱醋、米面蛋奶。她也会时不时地根据居民的需要，搞一些其他商品的团购。比如有居民反映，特别喜欢吃臭鳜鱼。她就试着做了一次臭鳜鱼的团购活动，没想到生意还不错，利润也比日常团购商品高。

其次，本着微利的原则，将价格控制在大家都觉得实惠的范围。居民们大多自己提货，在提货的过程中交流几句，不少人就会顺手从这里买点东西，从而拉高了小超市的销售额。

最后，发挥小区周边小超市的服务优势。为了更好地推广自己的团购小程序，胡蓉仔细钻研各种文案的写法，了解顾客的喜好，给一些商品配上了详细的说明。比如臭鳜鱼团购，她特意制作了臭鳜鱼怎么烧的视频，放在自己的朋友圈和小程序上，让一些因为担心烧不好而没下单的居民有了购买欲望。

小区里有许多老年人使用手机不熟练，她就在每天中午过后店里不太忙的时候，给这些老人准备茶水，让他们到店里来，手把手教他们如何下订单。对于许多退休的老人来说，到这里来，有免费的茶水、免费的空调，还有许多小区里的老人一起聊天，他们特别乐意来坐坐。而胡蓉的团购商品，他们尝试几次后感觉确实便宜，质量还有保障。如果东西重，胡蓉还能帮忙送到家。如果货品质量出现问题，居民第一时间就能到小超市来退换。

开展团购半年，胡蓉已经掌握了小区团购的窍门。她变得越来越忙，无论是团购的销售额还是小超市的销售额，都在不停上升。

胡蓉比原来累了许多，可这种累是令她开心的。收入增加了，小区居民对她的认可度也高了。

现在的胡蓉正在考虑要不要把旁边另一个小店面盘下来，那样的话，就会有更大的面积、更好的环境来为小区居民服务了！

翻身步骤

第一步：我们老祖宗早就说了，“穷则变，变则通”。遇到艰难的境况，去寻求变化，一定是翻身的第一步。

第二步：如何变？当然需要与时俱进，学习新的技术，否则，表面的变化不是真正的变，终归还是停留在原地。

第三步：利用表妹从老家带来的蛋，通过观察和了解小区居民的需求，发现团购的商机。

第四步：学习新技术，注册并制作自己的团购小程序，方便居民下单。

第五步：利用天然的地理位置优势，通过小区群、朋友圈等渠道宣传团购信息。

第六步：优化服务，提供提货、送货上门和商品咨询服务，增强顾客的满意度。根据居民的需求，不断丰富团购商品的种类。

第七步：打造小区互动中心，让自己的小店成为大家爱来的地方。这也是社区小店做好了，比那些大的超市还要有生命力的地方。

注意事项

1. 在保证商品质量的前提下，争取更优惠的进货价格。
2. 深入了解并迅速响应小区居民的需求和偏好。
3. 加强与小区居民的联系，建立良好的社区关系。
4. 确保团购商品的质量，提供退换货服务。
5. 有效利用信息技术（如小程序），提高运营效率。

第六章 农村的广阔天地与无限商机

贵州“李子柒”

在贵州的大山深处，有一个名叫李秀枝的姑娘。她出生在一个普通的农村家庭，由于从小就目睹了乡亲们辛勤劳作却难以摆脱贫困的困境，便在心中暗暗立下誓言：一定要好好学习，走出大山。果然，勤奋好学的她凭借着自己的努力考上了理想的大学，真的走出了大山。

大学期间，李秀枝接触到了自媒体这个新兴领域，她特别喜欢并佩服一个自媒体达人——李子柒。她经常抱着李子柒的视频一刷、二刷。同为农村人，李子柒所处的农家环境对李秀枝来说再熟悉不过了，但是她之前却从没有想过普普通通的农村生活可以表现得这么美。

她敏锐地察觉到这或许是一个能够展现家乡之美、帮助自己和乡亲们脱贫致富的绝佳途径。李子柒就是很好的榜样，榜样做这件事的时候没有学习的案例，还是边学边拍的，自己可以说是站在前辈的肩膀上做这件事的，肯定能少走好多弯路。

毕业后，李秀枝便毅然回到了家乡。起初，家人和朋友都对她的决定感到不解，认为她放弃了城市里的大好机会，回到这个贫困的小山村是不明智的。但李秀枝内心坚定，她相信自己的选择。

她开始用手机拍摄家乡的青山绿水、古朴的村落、传统的农耕生活，以及乡亲们淳朴的笑容。然而，一开始的自媒体之路并不顺利，她发布的视频几乎无人问津。

一方面是画质问题，另一方面是内容的表现形式问题。拍摄条件简陋是她面临的首要难题。没有专业的设备，仅靠一部普通手机，画质粗糙、声音嘈杂，这让她的视频在众多精美的自媒体作品中黯然失色。李秀枝想起李子柒，自己现在经历的不正是之前李子柒经历的吗？前辈克服困难走了出来，她相信自己也可以。是的，她没有被困难打倒，而是更加积极地找亲朋好友协商，需要拍摄的时候就找好友暂借一下画质较好的手机，还省出钱购买了一个户外直播专用领夹耳麦，努力提升视频的质量。

拍摄内容的选取对没有经验的李秀枝来说也是一大困扰。家乡的风景和生活虽然质朴、真实，但要如何展现才能吸引观众的目光，李秀枝绞尽了脑汁。她常常独自一人徘徊在田间地头，思索着怎样的角度和场景能更好地呈现家乡的魅力。她没有老师，唯一的老师便是屏幕里从未见过面的李子柒。“山重水复疑无路，柳暗花明又一村。”在一次偶然的机会中，她发现了在清晨雾气笼罩下的稻田别有一番韵味，于是决定以此为切入点，拍摄一组独特的田园风光。

然而一个问题刚解决，新的问题又接踵而至。村民们对她的拍摄并不理解，认为这是不务正业，好好的大学生居然回家“啃老”……李秀枝感到无比的委屈和失落，但她坚信，只要自己坚持下去，做出成绩，一定能改变大家的看法。

待李秀枝的视频画面逐渐成熟，慢慢变美起来后，村民们惊呆了，说：“这真是我们日夜生活的地方吗？这么漂亮！”村主任是一位开明的大伯，他知道李秀枝这是想为家乡做好事，于是尽量提供机会给她。比如，县里需要村委会提供村上的一些资料，有一定的经费，村主任就把活儿派给了她。

有一次，在拍摄一场传统的民俗活动时，由于缺乏经验，没有提前做好沟通和安排，导致现场混乱，拍摄效果极差。李秀枝为此自责不已，甚至产生了放弃的念头。但在夜深人静时，她回想起自己的初心，又重新振作起来，主动向村民们道歉，并认真总结经验教训。

是的，李秀枝一直没有放弃，每当坚持不下去的时候，她就想到比她起点更低的李子柒，榜样的力量支持着她不断学习。她深入研究热门视频的特点，同时努力挖掘着家乡独特的文化和故事。

有一次，李秀枝想要拍摄村里一位老手工艺人的竹编过程，可是老人因为担心手艺外传，起初并不愿意配合。李秀枝多次上门拜访，诚恳地表达了自己的想法，希望能通过展示竹编技艺，让更多人了解和喜爱这门手艺，从而为老人带来更多的收入。老人最终被她的真诚打动，才同意了拍摄。

经过长时间的努力和坚持，一个介绍家乡特色美食的视频突然走红。视频中，她详细展示了从食材的采摘到烹饪的全过程，原汁原味的乡村美食和美丽的田园风光吸引了众多网友的关注。网友们纷纷留言点赞，称赞李秀枝展现了他们心中向往的田园生活。……最令李秀枝开心的是一个评论：“这是贵州李子柒啊！”这个视频的成功并非偶然。它不仅画面精美，拍摄角度独特，而且李秀枝在视频中融入了自己对家乡美食的深厚感情，她生动的解说和亲切的笑容让人备感温暖。

此后，她趁热打铁，连续推出了一系列以家乡美食为主题的视频，每一个都精心策划，独具匠心。她拍摄的酸汤鱼视频，展示了从捕捞新鲜的河鱼到制作独特酸汤的全过程。那浓郁的酸味和鲜嫩的鱼肉，让观众们隔着屏幕都垂涎欲滴。她制作的糍粑经传统的手工捶打，散发出阵阵香气，配上香甜的红糖，让人看了就忍不住想尝一口。这些视频的点击量不断攀升，粉丝数量迅速增长，李秀枝成为当地自媒体领域的一颗新星。

有了基础粉丝量后，李秀枝抓住机会，通过直播带货的方式将家乡的特色农产品销往全国各地。

村里的农产品再也不愁销路，乡亲们的腰包渐渐鼓了起来。曾经那些为了生计而愁眉苦脸的面孔，如今都洋溢着幸福的笑容。在李秀枝的带动下，整个村的经济都繁荣起来了。乡亲们因为收入增加，生活质量得到了显著提高，曾经破败的房屋得到了修缮，村里的基础设施也不断完善。

李秀枝不仅实现了自己当初的誓言，让家乡变得更加美好，还通过自媒体的运营实现了财富自由。她用自己的成功经历激励着更多的年轻人投身到乡村振兴的事业中，为实现农村的美好生活贡献力量。

翻身步骤

第一步：回到农村去。当然，得是你的老家在农村，有地，还有风景秀丽的环境才可以。现在看来，大山里的乡村不再是闭塞和贫穷的代名词了。

第二步：找到榜样，定下目标，这将是你能坚持下去的根基。李秀枝以李子柒为榜样，以用自媒体展现家乡的美为目标。

第三步：要能坚持。不能因为一时不成功或者其他人的言论，就放弃了最初的选择。

第四步：持续学习，克服困难。通过借用设备和自学，克服拍摄技术和内容创作的困难。不断尝试不同的拍摄内容和形式，逐渐找到适合自己和家乡的风格。

第五步：抓住时机，打造成功案例。通过帮助村民销售滞销产品，李秀枝获得了信任和好评，从此走上上升的路。

第六步：发展出自己的盈利模式，发家致富，完成翻身的华丽转变。李秀枝利用走红的机会，通过直播带货帮助销售家乡农产品，带动了整个村经济的繁荣，提高了乡亲们的生活质量。

注意事项

1. 始终保持对家乡的热爱和帮助乡亲脱贫的初心。
2. 不断学习自媒体运营、内容创作的新知识和新技能。
3. 挖掘、展示家乡独特的文化和故事，创新内容形式。
4. 面对困难和挑战时，保持坚韧不拔的精神。

农家乐背后的创业经

站在空荡荡的农家乐院子里，看着寥寥无几的客人，陈亮心中充满了无奈和焦虑。他知道，如果再不寻求改变，他的农家乐将难以为继。

陈亮是村里第一个办起农家乐的，曾经这里充满了欢声笑语，游客络绎不绝。特别是节假日期间，可以说是一座难求，热闹非凡。然而，随着市场竞争的加剧，一成不变的农家乐逐渐陷入了经营困难。

陈亮尝试过换菜谱。在这之前，陈亮家的菜都是以实惠家常菜为主。最近，他尝试对农家乐的菜品进行了全面的改革，比如加入漂亮的摆盘，但是效果并不是很明显。

这一天，终于迎来了一批远方的客人，客人们点了一道白切鸡。在沟通菜单的时候，他们听陈亮说鸡是自家喂养的土鸡时，居然提出了一个请求，就是能不能让他们自己去捉鸡。陈亮家的鸡其实算是半散养鸡，因为村里土地多，他为了节约成本，自己圈了一块地进行散养，不仅养了鸡还养了鸭，农家乐生意好的时候根本供应不上。之前从来没有人想过要自己去捉鸡，这要求虽然新鲜但并不过分，反正除了他们也没有其他客人了，于是陈亮便答应了。

这一群客人跟在陈亮身后异常兴奋，看得出来，这些城里的年轻人并没有养过鸡，这是第一次抓，一个个追着鸡跑还跑不过鸡。陈亮站一旁也跟着乐，还顺带帮忙拦一下鸡。有一位客人拿起手机咔咔一顿拍，看来他们把抓鸡当成游戏了。抓了好一会儿都无功而返，最后，他们合力围住了一只鸡，至此，白切鸡的原材料才算落实。

接着，有位眼尖的客人又发现了香椿树，还和同伴炫耀自己认出了香椿，于是大家征得陈亮同意，又亲自摘了点香椿，准备加个香椿炒蛋。自然，他们先前看到了鸡蛋，手早就痒痒了，自己动手捡起来。

看着他们玩得这么欢快，陈亮忽然有了灵感。农家乐的改变不应该仅仅在菜品上改，在经营方式上也应有所改变。就像亲自抓鸡，也不费什么工夫，但是客人玩得开心，体验感很好，而且这个其实是可以另收费的，毕竟不是人人都想体验，想体验的也认为值得。

说干就干，陈亮一方面继续寻找菜品，另一方面也在考虑菜品里哪些是可以配合让客人参与的。之前找菜品的时候，陈亮一直想把地方菜往外推，很可惜，陈亮家乡并没有什么很特别的特色菜。既然做不了特色，干脆集众家之长好了。陈亮是这样想的：比如，他派师傅去四川学习了麻辣兔丁，新鲜的兔肉切成小丁，用辣椒、花椒、姜蒜等调料爆炒，麻辣鲜香；还去东北学了铁锅炖鱼贴饼子，在大铁锅里炖上新鲜的江鱼，周围贴上玉米饼子，鱼的鲜美与饼子的香甜相互融合……当然，选这些菜品，一方面是因为这些菜是某一地方特色，另一方面是因为这些菜可以提升游客的体验感。鸡都可以亲自抓，何况是兔子和鱼？虽然陈亮的农家乐没有鱼塘，但是不影响他开辟一小块儿泥塘出来，玩个浑水摸鱼，还安全。就这样，陈亮重新规划了农家乐的布局。他增设了儿童游乐区，能让孩子们尽情玩耍。他还组织了各种农事体验活动，如磨豆、采摘蔬菜等，能让游客们亲身感受乡村生活的乐趣。

有特殊要求的客人，只需要在11点之前把食材送到指定地点，就一定能在13点前吃上美味的大餐。当然，客人也可以直接把食材拿回家，只需要付相应的费用就行。

为了吸引更多游客，陈亮利用社交媒体进行宣传。他精心拍摄农家乐的美丽风景。春天的花海、夏天的绿树成荫、秋天的金黄稻田、冬天的雪景，每一个季节都有独特的魅力。他还用心展示美味菜品的制作过程，从食材的挑选到烹饪，让人垂涎欲滴。有时候，他也分享游客在农家乐的快乐瞬间，大家充满感染力的笑脸为他的农家乐增加了不少吸引力。

此外，陈亮还积极与周边的旅游景点合作，推出联合套票。游客在游览完景点后，可以凭借套票在农家乐享受优惠的餐饮和住宿服务。比如与附近的古村落景点合作，游客参观完古村落来农家乐品尝特色美食，休息一晚，感受乡村的宁静。

有一次，陈亮接待了一个老年团，老年团里的阿姨们都特别爱拍照。有位阿姨性格特别活泼，想去村里一户人家的茅草屋拍照。虽然陈亮不知道为什么阿姨相中了茅草屋，但还是积极帮着与主人家沟通。大家都很好奇阿姨要怎么拍，没想到，阿姨和她老公是玩摄影的，很专业的，破败不堪的茅草屋配着蓝天白云特别出片。这张照片后来被疯传，大家都学着阿姨找打卡点位。

有些客人是自己来的，不方便拍照，还需要陈亮帮忙。这一帮，又触发了陈亮的商业细胞。他想到同村的表叔曾是摄影协会的，退休了也没什么事干，何不提供一个就业机会给他呢?

他在村头还有一块空地，于是他学起影楼的布置，把地全改造成了一个个拍照小景点。一个复古的茅草亭周边布置一些水缸、石磨等农家物件，营造出了乡村生活的氛围。他又邀请周边的邻居一起打造了一个小小花海，种植当季盛开的花卉，如春天的油菜花、夏天的向日葵等，并在花海中设置一些小路和休息的长椅，方便游客走入花海拍照。他还用废弃的轮胎制作成彩色的花坛或秋千，用旧木板搭建一个特色的指示牌。每个区域都不大，仅仅适合拍照，但内容还挺多，除了农耕文化展示区，还有爱的浪漫区。有些区域可能只是一面墙，有些区域只是一片草地。

作为生意人的陈亮弄了个从外面能看到里面，但是需要买票进入的门栏，并雇了村里的邻居守门售票。当然，来农家乐消费的客人可免费获得3张摄影师拍的底片，如果还需要更多底片，可从摄影师处购买。

陈亮也没有想到，有些人就为了打卡跑来，自然而然地选择了他的农家乐。于是，配合着农家乐而建的人工造景也开始赢利。为了让人工造景更吸引人，陈亮计划好了，要根据不同的季节和节日更换或调整装饰，以增加新鲜感。

就这样，经过几番折腾、各种资源整合，陈亮的农家乐发生了翻天覆地的变化。游客们不仅吃好了、玩好了，还带了美美的照片回去，每一位发圈的客人都是在为陈亮做广告，而且回头客率特别高，都是带着老小体验休闲的。

曾经冷清的农家乐再次充满了生机与活力，欢声笑语又回荡在这片乡村土地上。

他的故事也成为当地乡村创业的典范，激励着更多人在困难面前勇往直前，追逐梦想。

翻身步骤

第一步：去发现农村的真正优势是什么；城市人到农家乐来，他们真正的需求是什么。只有真正找到答案，才有机会做出相应的调整，构建农家乐运营新模式。

第二步：去测试自己的想法，测试成功或不成功的结果。结果不好的测试，放弃就是；而测试成功的，就会变成下一步运营的基石。

第三步：找到城市人体验农家乐的需求，调整经营思路，把这些新的体验项目逐一加上，让客人的乡村体验感加满，从而让农家乐获得新生。

第四步：进一步重新规划农家乐布局，增设儿童游乐区和泥塘；利用社交媒体展示农家乐的美景和美食；与周边旅游景点合作，推出联合套票。一系列组合拳下来，让农家乐的客源稳步增长。

第五步：持续创新，满足更多特色体验需求，提供摄影服务，打造特色拍照景点。根据不同季节和节日调整装饰，增加新鲜感。

注意事项

1. 始终将提升客户体验放在首位。
2. 与周边景点和社区合作，共同吸引游客。
3. 提供个性化服务，满足不同客户的需求。
4. 鼓励社区居民参与农家乐的运营，共享发展成果。

鸳鸯湖“鸳鸯”的电商传奇

如果在10多年前问方伟杰如何看待在徽州的老家，他是不愿多说什么的。他努力地读书，为的就是希望能通过求学之路，走出那个因为山高水长而交通不便的贫困村。他大学毕业后，第一时间就是去深圳找工作。那个时候，人们传言说，如果留在村子里，将来怕是连媳妇儿都娶不上，因为四里八乡的姑娘没有人愿意嫁到他们这个穷得一塌糊涂的村子。

其实，这个村子有非常好的自然条件，远离城镇，山水、空气都没有污染。山地茶园得益于丰富的原始植被环绕，茶青品质非常高，经过手工炒制后，就是非常好的黄山毛峰。村子依傍的大水库是著名的千岛湖的水源地之一。深入山间的湖汊人迹罕至，林木葱茏，水清静好，吸引来美丽的鸳鸯在此栖息繁衍，因此大家都称这里为鸳鸯湖。

虽说城市里的就业机会多，但是要想在城市里留下，也是很不容易的。上班、下班，日复一日不变的生活，一日三餐只求果腹，健康和美味都是奢求。方伟杰偶尔从老家带的茶叶、腊味、笋干，分享给不多的朋友品尝，被大家夸赞为山珍。想想这些在家里不过就是平常的口中饮食，方伟杰有些骄傲，同时也生出了回乡的念头。

渐渐地，村子里通了公路，虽然远离徽州知名旅游景区，但有很多喜欢追求幽静、自然的人闯了进来，连村里人种的大白菜都被这些人惊呼为健康美食，村里人做的茶叶、笋干都成了他们的心头好。村子里的人也因此多了一些收入。只是靠这些偶尔过来的人带来的一点商机，远远不足以改变村子贫困的面貌。

读书和在深圳工作的经历带给了方伟杰更开阔的眼界。他知道互联网可以打破地理位置的限制，同时希望能照顾留在老家的父母，也有对老家青山绿水的想念，于是，他决定回老家。他不信，坐拥宝山，还蹚不出一条致富路。

方伟杰回到自小生活的村子后，开始想要从什么地方入手。村子里的主要收入是家家户户都有的茶园，以前每年春天，大家就去山上采茶，然后卖给来收茶青的茶叶老板，因为要走很远的路，每天采不了多少，而且茶青也卖不上价，最后落进村民口袋里的钱就不多。所以方伟杰想到开茶叶加工厂，把茶青加工成黄山毛峰。这样，不仅价值增加了，而且当地采、当地炒制，也会省下把茶青送去镇上的路上时间。茶青及时进行加工，也能避免在运送过程中被压坏或者提前发酵，保证成茶的品相和品质。

方伟杰家有七亩茶园，他决定就先从自家的茶开始，按照当地传统的制茶工艺制茶。他购买了炒茶机，添置了好些竹编的大簸箕，春茶开采时就忙碌起来了。

采茶、做茶是很辛苦的事。从小到大，每年采茶的季节，方伟杰都要背着背篓和父母上山采茶，一待就是一天，中午都是带一些干粮在山上吃，因为来回跑一天根本就采不了多少。而且茶青不等人，一天一个样，等嫩芽都张开了，那就更不值钱了。

采茶还不是最辛苦的。茶叶采回来，就得马上炒制。当天采的茶必须当天做完，要不茶青就坏了。所以顾不得采茶的疲累，就得马上开始炒制、摊晾、烘烤，直到把所有的茶青都做成茶叶，才可以休息，这时往往已经是半夜了。

茶叶做出来后，怎么将其卖掉变成钱，才是方伟杰这次回来迫切需要解决的问题。要说采茶、做茶，村子里已经祖祖辈辈做了很多年，就是因为一直没办法打开销路，所以才成为贫困村。

村子比较偏僻，要想把茶叶卖出去，必须走出去。方伟杰找了两个朋友，到黄山市的老街租门面，开起了茶叶专卖店。依靠来来往往到徽州旅行的客人，方伟杰把一家人做的茶叶慢慢地卖起来。

在这个过程中，方伟杰幸运地遇见了同年一起从深圳返乡的娜娜，年轻人有共同的语言，也是冥冥中的缘分，两人从无话不谈的朋友变成恋人，然后顺理成章地携手走进婚姻的殿堂。

娜娜为了支持方伟杰，把家里给安排的一个稳定工作辞掉，去朋友的茶叶公司去学习经验。等到学艺归来，两人就成立了公司，注册了品牌，靠着从父辈们那里传承下来的制茶工艺，把村子里的茶叶推给了更多的客人。

方伟杰当然不满足于此，坐店经营受到很多限制。坐等客人上门，受淡旺季影响；店面不大，产品陈列就不丰富，如果想陈列更多产品，就得租更大的店面，而增长的房租就会使成本增加；产品的库存备货也是一个很大的现金流成本。方伟杰把目光投向了新兴的电商平台，尝试把产品在淘宝店上架，开始摸索这个新的机会。

正当事业刚有起色，村里的驻村第一书记打来电话，希望他们夫妇为村子的电商扶贫工作出份力。

对于方伟杰来说，上电商卖自己的产品是卖，卖大家的产品也是卖，还能让产品更丰富，村里也会提供各种支持，这更是利好的消息。加上村民都沾亲带故，能帮上大家本来也是方伟杰回家的初心。如果能有机会带着大家一起致富，让村子摆脱贫困村的帽子，这也能让自己产生自豪感。因此，何乐而不为呢?

方伟杰夫妇俩没想太多就答应了。由于担心市里老街的门店会分散他们的时间和精力，他们干脆就关掉了门店，回到村里，利用村里给的资源设立电商线下体验中心，同时在线上开起了淘宝店、微店等，通过“互联网+扶贫”代销代购开始电商创业之路，带动村民致富增收。

但是，事情并没有想象中那么容易，首先面临的就是家人和老乡们的不理解。“回这个穷山恶水的地方来干啥啊？”“村子里外人都不来几个，东西能卖给谁啊？”妈妈时常在方伟杰的耳边唠叨。

老乡们更是无法理解。徽州地区有着悠久的经商历史，明嘉靖以后，徽商活跃于大江南北，盐、茶、木、典四业买卖几遍宇内。清代康乾年间，沿江地域有“无徽不成镇”之说。所以在大家的记忆中，经商是伴着臭鳜鱼味的漫漫长路，肩挑背扛地带着货物，走过千年的银杏树、五百年的桂花树、两百年的罗汉树，走过老屋阁、绿绕亭，足音在林间、在青石板上悠悠回响——方伟杰这样坐在家里，在电脑上敲几个字，就能卖到全国各地啦？这不用走路，不用见卖家的生意怎么做？

所以，大家都觉得方伟杰有点不务正业，他们情愿跑很远，也不放心把自己的产品交给方伟杰。

方伟杰只好挨家挨户上门宣传，还把大家请到电视体验中心来，看体验中心55寸大电视里播放的介绍电商的视频，亲眼看山货被精选、称重、包装，听大家议论谁家的什么产品被点赞获好评。老乡们慢慢地理解方伟杰在做什么，而方伟杰还给老乡们比商贩更高的价格，所以一些人开始半信半疑地把自家的茶叶、笋干等土产拿出来，交给方伟杰代销。方伟杰对村子熟悉，知道哪些老人行动不便，就主动去他们家里收购。

村民看到东西实实在在地卖出去了，也拿到了钱，还免于以前卖东西要走很久的路，卖起来十分方便，慢慢地，不只是村子里的人，就连周围的村民有好货也会拿到他们这里销售。

方伟杰在得到大家的信任和支持后，就开始进行第二步——农副产品的标准化。原来都是大家自己按照祖辈传下来的方法收获、制作，然后自己吃，没有那么多讲究；加上穷日子过惯了，都特别惜物，边边角角的、差一点坏一点的，洗洗做做都能吃，舍不得不要。所以，大家送来的东西真的是好坏掺杂。为了从源头帮助大家，在春茶季，方伟杰几乎每天都要上门告诉村民茶叶的采摘标准、茶叶管理的注意事项等。在不同农副产品的生产制作期，他都要随时与村民沟通，提高农副产品的质量，以确保卖出去的东西有机健康、保质保量。既要对老乡们负责，也要对顾客们负责，这样才是长久之计。

随着订单增多，方伟杰注册了自己的品牌，吸收当地留守妇女利用空闲时间到自己的电商中心工作，让她们在兼顾家庭的同时增加收入。电商线下体验中心除了为民代销外，还提供便民服务，帮助村民通过网络购买一些生活及生产用品。

为了更好地使电商中心与外界连接，方伟杰创办了“素茶居”茶馆，对村里的茶叶和土特产进行展览售卖，开启线上下单、线下体验的新模式。

从无到有，方伟杰夫妇在电商的道路上越走越远。他们用八年的时间扎根农村，用自己的坚持和努力书写了一段令人瞩目的创业故事，这对鸳鸯湖的“鸳鸯”在老家找到了自己的幸福栖息地。

翻身步骤

第一步：曾经接受过的教育、经历过的事情、看过的地方都将成为翻身的有利条件。方伟杰在城市工作积累了经验，拓宽了视野，为他后来创业打下了基础。

第二步：敏锐地发现家乡的自然资源和产品有巨大的市场潜力。

第三步：充分利用自家产品成本风险低、好做尝试的条件，先做成一件事。

第四步：响应号召既是一种责任的体现，同时也能获得更多的支持。

第五步：克服困难，将农产品实现标准化生产，提高产品质量。

第六步：注册自己的品牌，提升产品的市场竞争力。

第七步：回馈家乡，提供便民服务，同时也为后续发展夯实了基础。

注意事项

1. 确保产品质量，建立良好的品牌形象。
2. 与村民沟通，让他们了解电商的运作方式和好处。
3. 掌握必要的电商技术和平台运营知识。
4. 重视品牌建设，通过故事营销和文化包装提升产品附加值。
5. 承担社会责任，帮助村民提高生活水平。
6. 建立一个高效的团队，与合作伙伴共同推动事业发展。

田园中的自然教育

李志最近很烦，单位有裁员的风险，他的业绩又处于瓶颈期，现在还到了收早稻的季节，妈妈打电话来说让他请几天假回去帮忙。请假回家帮忙收稻是这些年的常态，要是在往年，不用家里来电话，他已经提前安排好了，但是今年行业不景气，他非常担心在这样的情况下再请假会导致自己上裁员名单。他不想被裁，因为每月还要还房贷。可是，想着家里年迈的父母的确需要帮忙，他也只好硬着头皮去敲领导的门。

“砰！”一声碎玻璃的声音从领导的办公室传出来，“没时间！你就不能体谅体谅我？”李志要敲门的手停在了半空中，心想：这个时候好像不太适合敲门啊。

“工作、工作，您就知道工作！”李志听出这是领导的孩子（大家称他“小孩哥”）的声音，随即看到小孩哥冲出来跑开了。说到李志他们单位，别看只是一家民营小公司，但是挺人性化的，偶尔谁家有个事，带着孩子来上班，老板也是允许的。特别是一到寒暑假，公司简直就成了一个托管所。为此，领导专门划出了会议室供来单位的孩子们学习。

领导有自己的办公室，偶尔也带孩子来，小孩哥和公司的叔叔阿姨们都很熟悉，李志自然也认识这个孩子。领导离异，独自带着这个孩子颇为不易，平时大家都多有照顾。李志怕孩子冲动之下出事，赶紧追了出去。

李志就像个大哥哥，平时和小朋友打交道很熟络，所以追上小孩哥后，大概了解了一下情况。原来是领导最近因为拓展新业务的事忙得焦头烂额，正是关键时期，没有时间陪孩子，而孩子因为学习压力大，想放松。班里小朋友的假期生活都很丰富，他不想天天被关在格子间做题。

待李志安抚好了小孩哥的情绪，他再一次敲响了领导的门，因为他想到了一个绝妙的点子，既可以解自己的燃眉之急，又可以帮到领导。

是的，那就是请假回家，并带着领导的孩子。他先跟领导反馈了孩子的情况，聊到现在的孩子普遍不太理解父母，大都因为生活阅历太少，没有吃过任何苦，又说到自己需要回家帮忙收早稻，然后大胆地提出，如果领导信得过，他可以带着孩子去体验实打实的农家生活。

当然，他给领导讲的时候，得突出体现一下能让孩子深刻体验劳动之不易，比如田间劳动帮忙收早稻；而给孩子讲的时候，则是讲起自己家里的狗和鸭，讲田里的水稻和鱼……下河摸鱼捉虾这种活动对城市里的孩子来说有着无穷的魅力。

就这样，李志请了假，带着小孩哥回家收早稻。

为了稳住小孩哥，当天晚上，李志便带他体验了一把夜间捉萤火虫的活动。村里的夜晚早早地就安静下来了，没有灯火通明，只有满天繁星和田间青蛙的呱呱回应。李志带着他穿梭在田埂上，追逐那偶尔飞起的星星点点，这情景对城市里的孩子来说简直就是书中的童话世界。于是，第一晚，小孩哥便主动与妈妈破了冰，异常兴奋地说着村里有多好。

第二天，便是这次回家的主题——收早稻。

为了让小孩哥愉快地参与进来，李志招呼了村里亲戚家的孩子们，划了一小块地给他们玩收割竞赛。李志也不指望他们真能干多少，只要让小孩哥平平安安地过完这两天，他帮家里把早稻收完就回去。

割稻子没有任何技术含量，经常劳作者会觉得这是一个苦差，但是对于第一次看到真稻子的孩子来说，这是一件很新鲜的事情，他的眼里迸发出了不一样的光芒。阳光洒在稻田上，闪闪发光，微风一吹，一浪一浪的，如同金色的大海。看到这美景，小孩哥忍不住发了朋友圈。

村里的孩子们友善又朴实，知道城里来的小孩哥第一次割稻子，都当起了小老师。他们虽然累，但在嬉笑中，时间倒也过得挺快。李志远远看过去，瞧小孩哥脸上带着笑也就安心下来了。中途，他去看了一下情况，小孩哥居然发出“会不会吃到自己割的水稻——大米？”这一问，让李志的脑回路大开。他不仅想让小孩哥知道一束束稻子从稻穗到谷粒再到大米的过程，还想让小孩哥体验一下最原始的脱粒方法——摔打脱粒和古法碾米。工具都在库房，也都能使用。只是现在大家都引进了机械化，机械化怕孩子受伤，观摩即可，但是古法靠的都是体力，也不让他们多弄，少弄一些打发时间就好。

这计划一说，小孩哥很兴奋。每一个环节，他都充满期待地尝试，脸上即便挂着汗水，也满是笑容。这么开心的一刻，他还不忘分享。这一日，小孩哥的朋友圈发圈最多，感叹也最多，他甚至还跟老师说“终于理解了‘汗滴禾下土，粒粒皆辛苦’”。晚间和妈妈聊天的时候，他似乎也理解了妈妈赚钱养家不容易。反正，这歪打正着的安排令所有人都很满意。

小孩哥听村里的小伙伴说稻田收割完，就可下田摸鱼、捉泥鳅，而且能扎草人……听着听着，一身疲惫便被这些计划赶跑了。

李志万万没想到，这个看似疯狂又不靠谱的回家插曲，给他和村里人带来了商机。

被小孩哥朋友圈轰炸一天的同学们纷纷被这接地气的农村生活吸引，也向爸爸妈妈闹着要体验。家长们了解到情况，纷纷向小孩哥的妈妈打听起来。与此同时，老师也发来信息，赞扬小孩哥的妈妈对假期的良好安排，这实打实的劳作可比走马观花的旅游强多了，是真正的研学之旅。

领导这两日也特别感谢李志帮自己带孩子，特别是看到孩子肉眼可见的成熟、懂事起来，她也希望能回馈李志。见这么多人都对农村生活感兴趣，咨询能不能介绍自己的孩子去真实体验这农家生活，领导赶紧跟李志打了个电话，转达了大家的需求，也表示最近刚好单位没有新业务，可以给他假，同时他还能收取一定的费用。

对农民来说，收入全靠天靠地，一年下来其实并不多。只是多带几个人一起玩，还能有收入，李志心里乐开了花。其实，在李志看来，赚不赚钱不是重点，重点是领导给他的假，回去肯定不会上裁员名单了。

就这样，小孩哥几个要好的同学也坐上专车来到李志家。

这一次，小孩哥因为跟同学熟悉，又对即将体验的割稻流程很熟悉，于是自然而然地当起了小助理，和他们一起体验劳动的乐趣和意义，休息时偶遇小青蛙、小瓢虫、小蚱蜢等，体验古法碾米，见证谷粒到大米的变化。每一件小事对这些城市小孩来说都充满了新奇。李志后来还带他们观摩了碾米机加工大米。这些城里的孩子第一次看到碾米机，看到大米从机器出来时兴奋又惊讶地欢呼：“哇，太神奇了！”他们在午后的田边闻着稻香，晒着暖阳，吃上一碗香喷喷、热乎乎的农家饭，感觉真是太惬意了。家长们也觉得钱花得值，毕竟让孩子读100遍“粒粒皆辛苦”，不如这一次劳作来得深刻。田野里藏着无尽的知识和乐趣，这才是绝佳的自然教育之地。

李志似乎也从这次不寻常的收稻中嗅到了商机。带这几个孩子体验完割稻生活后，李志抓紧带着大家回到了城里。他连夜做方案，找领导。领导虽然觉得方案挺好，但是自然研学不在公司业务发展方向线上，所以不打算参与，但是这次因为孩子的关系，领导还是给李志特批了年假，让他自己抓住机会，并说以后只要不影响单位的正常工作，他可以在放假时间里继续搞自然教育。

于是，越来越完善的田间自然教育从李志手里诞生。

因为离家也并不是太远，李志周末早上出发，午饭前便能到家，周末晚上能回到城里。于是，这个跨城周末田间自然教育便小范围地开展起来了。

李志还为不同的人群做了不同的方案，比如有针对小学高年级的、小学低年级的，甚至还有一些爸爸妈妈带着幼儿园阶段的孩子来的。一次他也不接待太多人，农村小院通常有几间客房，收拾出来就能用。而且，他的活动基本都根据自家田里农作物的种植情况来安排的。比如早稻熟的时候，就割早稻、打谷子、扎稻草人、古法碾米。如果有家长参加，偶尔加点亲子拔河、徒手抓鸡之类的。等下一季要种水稻的时候，他就划出几块地方，带着孩子们下田抓鸭、摸鱼、插秧。该种菜的时候种菜，该采摘的时候采摘，配套一系列相关的活动，大家得以尽情地与大自然接触。

为了增加活动的趣味性，他还设计了一些小游戏，比如荒草地里找鸡蛋、格子间里套大鹅……没有田间劳作活动的时候，还可以磨豆腐、盖房子，反正几百个方案随便选。有时候，中午来一顿地锅鸡，鸡是客户自己抓的，火是客户自己生的，菜是客户自己炒的，客户们个个吃得不亦乐乎，根本不需要李志家做什么。过了一段时间，家里的老人也可以独当一面了。在不影响农作物生长和工作的前提下，李志把每个周末和假期都进行了充分的利用。万万没想到，一年下来，全家人的收入上了一个新台阶。

李志还打算去找幼儿园合作，每学期免费提供一次田间教育活动，让更多的人了解到他们开展的这个业务。有些人甚至希望李志策划一个四季三餐系列，他们预交定金，按时来访。

正所谓“绿水青山就是金山银山”，田园中的自然教育商机让新农人有了新收入。

翻身步骤

第一步：做好测试。很多机会出现，都有偶然因素存在。不过一旦出现了，不要急于开始干。要通过测试确认机会不是偶然的，而是可以持续的；再通过测试流程，完成可行性规划。

第二步：进行自然教育活动要做好更多的规划和准备。一方面是日程的安排，要照顾孩子们的兴趣、身体素质；另一方面要做好自然教育的知识储备，不仅是书本上的，还需要补充来自当地的民间智慧、俗语等。

第三步：用案例进行宣传，打动孩子，说服家长，得到学校老师的认可，从而让教育活动持续。

第四步：进一步打造多样化方案，为不同年龄段的孩子和家长定制不同的活动方案。与村里邻居合作，共同开展活动，增加人手和资源。

第五步：不断设计新的活动和游戏，提高体验的趣味性。

注意事项

1. 确保所有活动的安全，特别是儿童参与的农活体验。
2. 强调活动的教育意义，与传统教育相结合。
3. 根据不同客户的需求，提供个性化的活动方案。
4. 鼓励社区居民参与，共享乡村振兴的成果。
5. 在开展活动的同时，注重环境保护和可持续发展。

饲养宠物的乡村新风尚与商机挖掘

刘兵终于从职业学院动物医学专业毕业了。他的祖父和父亲都是兽医，他小的时候，家里便经常会有人带着各种小动物来治病。他自己本来就喜欢小动物，家里不仅养了狗，还养着猫。可以说，刘兵的整个童年都是宠物相伴成长的。

记得有一次家里人带他去花鸟市场，当时还年幼的他一眼就被虎皮鹦鹉漂亮的羽毛迷住了，缠着爸爸买了两只回去饲养。

为了照顾好鹦鹉，他买了许多有关鹦鹉的书籍和资料来学习。因为养育得当，两只鹦鹉还繁殖出了新生代鹦鹉。因为虎皮鹦鹉通常在四五个月大时成熟，一年能有13次繁殖期，所以，很快家里的鹦鹉便成群了。

家里人不让他养这么多，他便把小鹦鹉卖出去赚零花钱。他不仅把鹦鹉卖给带小动物来看病的其他宠物主，还把鹦鹉卖给同班同学，惹得大家都叫他“刘老板”。

可能是因为喜欢动物，也可能是受家庭影响，他高中时便决定将来投身于宠物行业，选了宠物医学方向。他虽然学了个算是子承父业的专业，但是可不想直接回乡村去继承小小的兽医诊所。

毕业后，刘兵便和几个同学一起在城里盘了个宠物店。本来一切都好好的，毕竟城市里养宠物的人也不少，但是他们运气不好，碰上了疫情，宠物店没开多久就被迫关闭了，刘兵也是在那时候带着未卖出去的一些狗狗猫猫回到了家乡。

作为一名新时代的大学生，阳光积极的刘兵可不是在家混吃混喝，当“啃老”的新青年。喜欢动物的他，哪怕是见到鸭棚里的鸭、狗窝里的狗都是欢喜的。正好有时间，他便拿起手机为这些可爱的小宠物们建了个账号，把小狗狗偷吃黄瓜、被一群小鸭子当靠枕的萌态都拍了下来。没想到，才两个视频，刘兵的萌宠账号便收获了不少粉丝。可能是那段时间的人们需要这样温馨的画面去治愈自己压抑已久的情绪，而刘兵的视频刚好符合这一点。有了粉丝的鼓励，刘兵给家里的鸡、鸭、鹅、猫还有刚出生的小奶狗都派上了拍摄任务，有的温馨，有的搞笑。比如：狗狗在河里与鸭子追逐，鸭子一头扎进水底，令狗狗蒙圈；狗狗和大白鹅一起看日出……动物之间这种天然的互动，加上乡村纯大自然的背景，竟令屏幕那头的网友生出无限的向往——向往这样轻松的乡村生活。很快，刘兵的账号就有了更多粉丝，即便开个直播卖宠物粮也是不错的。刘兵还揣着自己的萌宠乐园梦，这点成绩他一点也不满足，只是他的萌宠乐园梦经过这两年的时间已经从城市搬到了乡村。

他把自己家里的地捯饬了出来，开始一个空间一个空间规划，为小宠物们建窝。除了家里现有的鸡、鸭、鹅、狗和猫，他又引进了几个乡村不常见的新品种，比如可饲养的小松鼠、荷兰兔、荷兰猪和豹纹守宫等，当然，还少不了他从小就喜欢的鹦鹉。其实，每个品种数量都不多，他想弄个萌宠乐园，而不是单品种的养殖场。

父亲和祖父都不理解他弄这么多小东西干什么，在老一辈的眼里，天天玩宠物就是玩物丧志。刘兵当然是有自己的商业计划的，而且对他来说，作为一个合格的宠物医生，就应该经常和各种宠物打交道。

在刘兵的乡村萌宠乐园，这些萌宠是可以售卖的，不卖也是可以为他带来其他收入的。

他之所以要有规划地捯饬自家的地，并为各种萌宠圈地盘，就是在做长远规划。第一笔收入就是萌宠投喂。零距离与动物接触对乡村孩子来说可能太平常了，但是对城市孩子来说还是充满诱惑与新鲜感的。刘兵家并不算偏远乡村，充其量算城乡接合部。要知道，如果是太偏远的地方，兽医诊所也无法正常维持。所以，刘兵想到的第一个收入来源就是投喂。他设计的针对对象就是与动物互动没有抵抗力的城市小孩，也没有门票，但是不可以喂自己带的食物，为保证安全，投喂品必须在他这里购买。一包胡萝卜10元，可以近距离喂兔子、豚鼠；一包小米5元，可以喂鹦鹉、鸽子什么的；还有大白菜，一棵一棵地卖，可以喂鸡、鸭、鹅……别看都是小钱，但积少成多，而且这些菜基本都产自自家地里，没什么成本。如果孩子喂爽了，要直接买一个带回家，这不是水到渠成的事吗？虽然这个方向是规划好了，可是怎么宣传又是一件比较复杂的事。

鉴于前面拍视频积攒了一些基础和经验，刘兵的宣传落实渠道之一便是网络。为了拍出好看的效果，他利用竹子和木材做了一些小建筑造型，既出片，又能遮阳避雨。他还邀请正在上小学的堂妹、堂弟当模特，拍了不少投喂萌宠的温馨画面。刘兵深知，自己账号的粉丝虽然看起来不少，但天南地北都有，不一定能转化为线下客人，但是他脑子灵活，去找了当地媒体进行联动，辐射周边几个县城是没有问题的，因为不存在门票费，他便为合作渠道介绍来的客人提供投喂食材和拍照服务。比如：A渠道推荐来的客人，通过凭证可获得两份胡萝卜和三张精修人与动物互动美照；B渠道推荐来的客人，可获得两棵大白菜和三张精修人与动物互动美照……这样一来，既区分了不同的渠道，知道哪个渠道获客量大，还能根据这个量给到渠道相应的提成或推荐费。可别以为这是纯付出的活动，一般情况下，客人在现场都会再买其他粮，体验喂不同的动物的感觉。而且拍照的时候，摄影师可不会只拍三张，不说百张，几十张是一定有的，如果客人需要三张以上的其他照片，就得花钱购买。说到摄影师，也是巧了，刘兵的同村高中同学赵艳自小就喜欢摄影，去年也回乡了。两人一直相互有好感，只是一直没有捅破那层关系。这次回乡，两人有意相互靠近，之前两人就配合着一起拍自媒体视频来着。老话说得好："男女搭配，干活不累。"如果两人最后走到了一起，这不就是在自家产业上打工吗？所以，虽然约定无基本工资拿提成的，赵艳却尽心尽力地招揽生意。

有一天，招呼客人的刘兵听客人吐槽道，说如果除了喂动物，再有些玩耍的项目就好了，不然大老远跑来，只能看看动物、喂喂食，时间太短了，不值当的。这原本也在刘兵的计划之中，没想到客人主动提起了，他便加快了计划。当然，刘兵可不是拍脑袋做决定的人。他的一位远房表哥在邻近的县城开了个培训班，里面全是小朋友。他便去找表哥，请表哥帮忙做一个市场调研，主要调查孩子们除了投喂，还想和什么样的动物做什么样的互动，或是有什么建议。可别说，这一招真的是既省力又直接，小朋友们的主意真的是五花八门，有的想体验捡鸡蛋，有的问"可不可以抓鸡？"还有的希望看真实的龟兔赛跑……为了吸引更多的人来，刘兵加速开启了萌宠乐园的互动游戏。

他用竹条编了个围栏，弄了一个五条跑道的赛跑通道。每次可供2～5个小朋友同时玩。小朋友只需站在起点跑向终点，谁先到达，谁便能获得一份小奖励。但是，并不是让小朋友自己跑，而是每个小朋友都必须选一只鸭子，一起比赛。如果是自己比，一般看体型就能知道谁赢。而赶着鸭子比赛，乐趣就多了。有的鸭子不听话，会往后走；有的鸭子根本不需要赶，就跑到了终点；有的鸭子就像癞蛤蟆，碰一下走一下。有一次，眼见一个小男孩和他的鸭子快到终点了，调皮的鸭子却忽然转向，把第一名让给了旁边通道的小女孩，惹得围观的大人哈哈大笑。

当然，小一些的孩子赶鸭子，大一些的孩子则可以追着小猪跑，反正主打一个撒欢。

除了跑道，刘兵还在一片空地里藏了一些鸡蛋、鸭蛋、鹌鹑蛋，几十人，一起提着篮子寻宝找蛋，老老少少好不欢快！

当然，萌宠乐园也并不总是一帆风顺的，像有一段时间，刘兵养的豹纹守宫患上了爬行动物最常见的疾病——肠炎。这种疾病不是人畜共患病，但对于爬行动物来说，肠炎的传播性极强，交叉感染的速度极快。幸好刘兵把求救信息传回学校后，畜牧兽医系的老师通过技术手段查出了病因，对症下药后，很快就解决了问题。

在农村饲养宠物或动物创业需要专业知识、创业精神和对市场的深入理解，很显然，刘兵就是那个符合条件的人。有了赵艳的加入，他可以说是事业、爱情双丰收。

翻身步骤

第一步：解决宠物饲养的专业能力问题。自己本身有这方面的学习经历当然是最好的，但也不是说自己没有这方面的能力就不能碰这样的项目，因为你可以通过聘用或者寻找合作伙伴的方式来解决，只要团队中具有这方面专业能力的人就行。还有外包服务的方式也能解决，只是这样就会形成固定的支出成本，在其他方面就需要进一步控制好。

第二步：选址。自家的场地当然是最好的，否则都是投入成本，那运营上就经不起一点起伏。地理位置最好是在离城市不远的城郊。

第三步：选择喂养的宠物种类。以适合陪伴的、乡村常见的为主，同时可以增加一些小朋友不常见的奇特品种，丰富乐园的多样性。

第四步：设计投喂和互动游戏，提供与众不同的宠物互动体验。

第五步：利用网络和当地媒体进行宣传，吸引周边地区的游客。

第六步：和幼儿园、早教机构形成异业联合，提供田间教育活动，拓展业务。

注意事项

1. 利用专业知识确保宠物的健康和乐园的顺利运营。
2. 不断创新，提供独特的宠物互动体验，吸引游客。
3. 有效利用社交媒体和传统媒体进行宣传，扩大知名度。
4. 重视客户体验，提供安全、有趣、有教育意义的互动项目。
5. 面对宠物疾病等潜在风险，要有预案和快速响应机制。

第七章
小创意撬动大市场

小区旁小饭店的增值服务

张远在中专学的是厨师，毕业后就到大城市打拼，靠着手艺在这个城市赚钱养家。在33岁这年，张远和妻子拥有了一家属于他们自己的小饭店。饭店就开在一个大型居民小区旁边，主打盖浇饭、家常菜。饭店主厨是张远，收银、端菜是妻子的活儿。因为物美价廉、服务热情，这家只有20平方米的小店，很快就受到了周边居民的喜爱。张远夫妇起早贪黑，干劲十足，希望能靠着这个小饭店获得令他们满意的收入。

但是经营一段时间后，饭店的收入并不能令张远满意。他仔细计算了饭店的营收，发现实际净收入只比当初夫妻二人都打工时高一点点。他们决定开这个饭店，就是想要提高收入，毕竟两个孩子都是花钱的年纪，家中老人的年纪也越来越大……闲暇时，他跟妻子仔细分析了饭店收入不高的原因，主要有以下几点：

第一，因为靠近居民区，缺少过路客，而该小区的居民以双职工上班族为主，白天，年轻人上班，孩子上学，退休老人又大多没有外出就餐的习惯，所以导致他们店中午的生意一直不尽如人意。

第二，饭店面积过小，在晚餐的就餐高峰，常常因为店内满员，导致许多想来就餐的顾客离开。

第三，因为店小，人员又只有两个，不敢大量采购，所以在采购原料的时候没有议价空间。张远对原材料的品质又比较坚持，原材料成本居高不下。

第四，本小利薄，因此他们在外卖平台上一直缺少价格优势，推广也不太积极，外卖点单的数量一直不高。

两个人看着总结出来的原因，每一条靠他们现有的能力都没有办法改变。可是如果不改变，又能怎样提高小店的收入呢？夫妻两人陷入迷茫之中。

张远每天一边思考着如何提高小店的收入，一边继续经营着小店。这一天午后，忙完店里的活儿，张远坐在店堂里休息，一位老顾客走进店里问："你们家的腊肉还有吗？上次在这里吃过一次，我儿子就一直吵着还要吃。"张远的腊肉是老家的父母做的，味道独特，在店中一直很受欢迎。面对老顾客，张远拿出了一块腊肉送给了她，然后坐下跟她聊起了天儿。

"每天我都要发愁晚上吃什么菜。你说我上一天班也挺累的，回家还要忙活晚饭，累得要死，真希望有人能帮我把菜都配好，我回家一烧就解决了。"客人随随便便的一句话引起了张远的兴趣，他连忙问："超市里、菜市场里有许多半成品的菜，你可以买回家，吃饭的时候一炒就行了，也很方便呀！""半成品菜品种少，口味也比较单一。"客人抱怨着，"而且我公公有糖尿病，那些菜里的糖都不少。"与客人闲聊时，张远看到了一个新的商机。接下来的日子，他一有空闲，就去附近的菜市场和超市闲逛，专门看那里的半成品菜。确实如那位客人所说，因为考虑成本、运输、保鲜等因素，半成品菜的品种相对较少，无法满足居民的个性化需求。

如果列出菜单，居民们根据需要预订相关菜品，张远和妻子利用空闲时间帮他们进行预处理，等居民们下班回家的时候过来拿走。这样的话，居民们可以减少买菜、择菜、洗菜的麻烦，他们也可以多赚些加工费。

张远越想越觉得这样的生意能做。对于上班族来说，下班回到家就要五六点了，如果再买菜烧饭，实在是有些累。如果能轻轻松松烧一顿营养美味的晚餐，那他们的幸福感肯定会得到提升。毕竟对于中国人来说，没什么比一家人一起吃一顿可口的晚餐更重要的了。

张远想到这里，不再犹豫，印制了许多宣传单在小区发放。因为他们良好的口碑，没多久，许多居民就抱着试一试的心态，在这里预订了一些菜肴。

张远和妻子就此忙碌起来。每天早上，张远都要根据饭店的需求和订单数量去采购。采购回来后，他跟妻子就开始仔细清洗、处理这些菜，再根据订单需求将这些菜配好，放入冰箱，等待顾客的检验。

由于张远做的预处理菜一直秉持着“卫生、量大、物美、价廉”的原则，所以他们的生意逐渐红火起来。每天下班的时候，来店里取菜的居民络绎不绝。

做了两个月后，张远一算账，发现饭店的营收确实提高了不少。更重要的是，随着采购量的增加，原料成本也下降了，饭店的利润自然就提高了。张远并不满足于此，他不断完善着自己的服务：他特意记录老客户的忌口和口味偏好，给他们推出专属的定制菜单；他观察到有不少年轻人不太会烧菜，就贴心地给每个菜印制了贴纸，贴在包装上，上面详细写着烧菜步骤；他会详细记录客人们的重要日子，比如在客人生日的这一天送上一张贺卡，并赠送一道特色菜，以拉近和客人之间的距离……

看着张远的店生意红火，周围也有饭店开始照葫芦画瓢，跟张远做起了一样的生意。对于饭店来说，张远的生意并不难做，可加入的店家增加，不可避免地展开了价格大战，以达到抢生意的目的。

面对这样的局面，张远经历了最初的焦虑后，还是决定保持自己的节奏，用质量和服务来维持自己的吸引力，而不是参与到无休无止的价格大战中。他始终相信，一分价钱一分货，过低的价格只会导致菜品质量下降和服务缩水。

张远在接下来将近半年的时间里，一方面保持着自己的质量，另一方面不断拓宽思路，寻找着新的增长点。

客人们喜欢张远家的腊肉，张远觉得这是一个好的增长点，就联系父母，采购了一些老家的特产在店里销售。这些特产受到了住在附近，与张远来自同一个省份的老乡们的欢迎，销售量有些出乎预料。

张远主动学习，看了大量营养学和医学的书籍，然后根据客人们的需求，开发出了许多特色套餐。

接近考试的时候，他就推出考试套餐，主打营养均衡。许多家长缺少相关知识，看到这样的套餐当然非常高兴。

针对一些有基础病的客人，他推出健康套餐，如糖尿病套餐、高血压套餐、心脏病套餐、痛风套餐……这样有针对性的配菜，还得到了小区里医生的肯定。

针对现在越来越多的人热衷于减肥和健身，他及时推出了健身套餐和减肥套餐。

张远干劲十足，在不断推出新套餐的过程中，他不但增加了收入，更加重要的是感觉依靠自己的能力和特长，给大家带来了切实的便利，这种成就感是他以前没有体验过的。

张远的坚持和创新让他的生意越来越好。而周边那些单纯靠价格战吸引客人的店家，最初吸引了一批价格敏感人群后表现乏力。

张远也没有想到，当初只是为了增加些收入而开展的副业，竟然渐渐超过了他的主业，成为他小店主要的收入来源。他不得不扩大规模，租了更大的店面，雇了人帮忙。

老顾客们聊天时，都夸张远有做生意的眼光。

现在，张远每月的收入已经能达到他当初单纯开小饭店时的三倍了。他也不需要每天再去菜市场挑选原料了，因为有足够大的采购量，那些原料的供应商心甘情愿地送货上门。

张远心里很明白，要想继续维持这样的良好局面，他必须一如既往地保证质量，也要不断地学习，保持创新，不停地推出新的产品。

翻身步骤

第一步：深入调研与洞察。通过与顾客的日常交流，张远洞察到了半成品菜市场的空白和顾客对于便捷晚餐的需求。

第二步：服务创新。针对上班族的需求，提供预处理菜品服务，解决了他们下班后烹饪的烦恼，填补了市场空白。

第三步：坚守品质。始终坚持菜品的卫生、量大、物美、价廉，从而赢得顾客的信任和口碑。

第四步：提供个性化定制服务。为顾客提供专属的定制菜单，记录顾客的口味偏好和忌口，进一步提升了顾客的满意度。

第五步：提供增值服务。提供烹饪指南和生日贺卡等增值服务，加强了与顾客的情感联结。

第六步：产品多元化。根据市场需求，不断推出各种特色套餐，如考试套餐、健康套餐等，拓宽了产品线。

第七步：引入特色产品。利用老家特产吸引更多顾客，增加了销售的多样性。

第八步：坚持差异化竞争。在周边饭店开始价格战时，坚持通过质量和服务来保持竞争优势。

第九步：持续学习与创新。主动学习营养学和医学知识，不断推出新的产品和服务。

注意事项

1. 在提供高品质服务的同时，要注意控制成本，确保经营的可持续性。
2. 随着业务量的增长，要确保原料供应的稳定性和质量。
3. 要持续与顾客保持良好沟通，及时收集反馈并改进服务。
4. 通过一贯的高品质服务和产品创新来塑造、维护品牌形象。
5. 要时刻关注市场动态和竞争对手的情况，以便及时调整经营策略。

为老人上门助浴

赵强大学学的是护理专业。这个专业是母亲帮他选的。在上大学之前，赵强和母亲都不是很明白这个专业到底是干什么的。直到上学第一天，看着班级里占大多数的女生，赵强还有些高兴，可了解了护理专业到底要干什么，他后悔了。

虽然后悔，但赵强还是很认真地学习了每一门课，有实习的机会，他也很珍惜。做这一切不是为了将来要从事这个行业，而是因为他有个下肢瘫痪的爷爷。他希望能够用自己学习到的知识和技术，来提高最疼爱自己的爷爷的生活质量。

大学毕业后，赵强回到自己家所在的城市。他没有找本专业的工作，而是在自己家开的小超市里帮忙看店。空闲的时候，他就会去照顾爷爷，隔三岔五还会带爷爷到医院看病。

一年后，爷爷被诊断出了肺癌。住院期间，赵强承担起了陪护爷爷的责任。家里的亲戚有时想要来替换，总被他拒绝。他告诉他们，论照顾爷爷，现在的自己是最专业的。

每天，他都会帮爷爷按摩，陪爷爷聊天，给爷爷换成人尿布。爷爷行动不便，他还会帮着他翻身。赵强将自己实习中学会的照顾病人的方法都用在了爷爷身上。他很专业，连管病房的护士都自愧不如。

赵强很想告诉他们，其实自己本来应该跟他们是同行的。

这一天，爷爷说，他已经好多天没有好好洗澡了，好怀念以前舒舒服服泡澡的日子。一直给爷爷擦身子的赵强，看着日渐衰弱的爷爷，内心有些难过，他决定满足一下爷爷的愿望。

赵强买来了折叠浴盆，然后在病房的卫生间里给浴盆放满了水。确认水温合适后，他到病床上将爷爷抱进了卫生间。

那一天，爷爷坐在折叠浴盆中，脸上露出了久违的笑容。调好合适的水温、合适的室温后，他帮爷爷搓着背。看着爷爷日渐消瘦的身体，赵强的眼泪忍不住掉了下来。

赵强给爷爷洗完澡，帮他穿好衣服并重新抱回床上后，看到同病房其他老人的脸上露出了羡慕的神情。

当天晚上，同病房老人的女儿找到他说："我爸住院后很久没洗澡了，就是护工帮着擦身。他看到你帮老爷子洗澡，特别羡慕。我们不敢给他洗，听说你是专业的，你能不能……我们可以给钱。"

赵强从专业角度来看，这位老爷子的情况肯定是不适合淋浴或者盆浴的。他向老人的女儿说明了情况，同时，他也敏锐地捕捉到了一个信息。

随着老龄化社会到来，肯定会有越来越多的人遇到这个老人洗澡的问题。因为年纪大、行动不便等原因，他们洗澡很多时候是个大麻烦。子女帮着洗，但他们不专业，有时候不知道怎么洗，不知道哪种情况可以洗，哪种情况不可以洗。还有许多独居的老人没有人可以求助，有时不得不减少洗澡的数量。不能保持身体的清洁，对老人的健康是不利的。

如果能有专业的人上门帮助老人洗澡，是不是会受到大家的欢迎呢？这样的话，既能帮助像爷爷一样的老年人，又能赚到钱，还能利用自己的专业知识给老人一些专业的建议。

赵强越想越觉得这件事情可以做。

他特意做了调查表，发给病房里住院的老人和他们的子女，询问他们如果有人愿意上门帮助他们洗澡、按摩，提供简单的健康服务，他们愿不愿意。

整层楼的病人们早就熟悉了这个孝顺又专业的小伙子，他们很乐意帮助赵强完成调查，有几个还明确表达了需求，留下了电话。连护士都觉得他这个想法很好。

护士们在跟他的聊天中知道他学的也是护理专业，表示如果他真的做这个，他们可以帮忙宣传。

赵强经过调查后很确定这件事情能做，而且自己有能力做好。他了解了相关信息，发现在一些大城市早就出现了上门助浴这个行业，可在自己生活的城市，做这个的人暂时还没有。

爷爷出院后，赵强印制了一些宣传资料，并去家附近的各个居委会、医院、养老院分发。在这个过程中，他进一步了解到，其实现在有这个需求的老人数量不少，但是他们一来对价格非常敏感，二来觉得让人帮自己洗不好意思。

在大城市里，一次上门助浴的收费可不便宜。老人洗一次澡，需要花费四五百元。赵强所在的城市虽然经济发达，可老人们的消费习惯已经固定，这么高的价格肯定是不现实的。再加上老人们有男有女，他给男性老人洗澡还方便，遇到女性肯定会有许多不便。

不过，种种困难都没有阻碍赵强试一试的决心，他真心想要帮助那些像爷爷一样的老人。

第一个订单来自一个独居老人，他就住在赵强所在的小区。双方约定好时间，赵强背着事先买好的大号折叠浴盆和满满一包工作用具，来到了老人家。以防老人尴尬，他还准备了一次性的内裤。第一次上门服务，又是独居老人，赵强特意找了居委会的工作人员陪同。

在整个服务过程中，赵强非常用心，像对待自己的爷爷一样帮这个老人洗头、洗澡、擦背。洗完澡，他细心地帮老人剪了指甲，给他量了血压。针对老人的身体情况、居住环境，赵强还给出了许多健康小建议，并且贴心地写在纸上，给了老人。

整个过程大约一个半小时，洗完澡后，老人的心情明显好了许多，对这次的上门助浴非常满意。

这次服务，赵强收了150元。考虑到自己只有一个人，老人又在自己的小区，他觉得这个价格可以接受。对于那个老人来说，如果一个月有一次或者两次这样的上门助浴，他也能接受这个价格。

第一次成功让赵强增强了信心。更令他没想到的是，居委会对这件事情的热心程度比他还高。

赵强的城市在江南，马上要到来的夏季，闷热潮湿，老人们的卫生问题一直是居委会关注却无法解决的。赵强这个服务出现后，居委会看到了帮老人们解决实际困难的途径。居委会将赵强的情况上报了街道，经过街道和居委会的宣传背书，附近小区的订单很快纷至沓来。

赵强很快就忙不过来了，他开始想办法。

首先，他设立了预付费次卡活动。老人们一次性缴纳1000元，就可以享受10次上门助浴。每次助浴，只要提前两天打电话或者预约具体时间就行。赵强鼓励老人办次卡，不是为了圈钱，而是希望通过提前预约的形式更好地安排时间，服务更多老人。有了次卡，赵强可以尽量将住得近的老人安排在同一天，也可以充分了解老人家里的洗澡条件和老人本身的健康情况，从而决定是否需要带可折叠洗澡盆。

其次，他在本市大学的护理系招愿意兼职的学生，尤其是女生，这能解决现在他没法为老年女性服务的困扰。护理系的学生拥有更多的专业知识，经过培训后，他们也能更好地完成工作。

他也会利用空余时间，为附近小区的老年居民传授日常简便的自我清洁卫生知识。这一方面能提高他们的生活质量，另一方面也为他自己做了免费的宣传。

家里人对他的工作非常支持，尤其是爷爷。有了家人的支持，赵强全身心地投入到自己的工作中。

如今赵强从事上门助浴工作已经接近两年了，最多的时候，他曾一天帮助6位老人洗澡。最远的一次，他曾驾车40千米帮一个老人上门助浴。他创办了自己的公司，这个公司连他一共有6个员工。这些员工大多是曾经在他这里兼职的护理系学生。他们坚持的原因，除了不错的收入以外，还有看到被服务老人开心的笑容，他们的内心得到了满足。

真诚帮助老人，并因此获得收入，在如今越来越老龄化的社会是一份被需要的职业。

老年人的生活肯定会有种种不便让老人的老年生活更健康、更快乐、更有尊严，赵强觉得这就是自己这份工作的最大价值。

翻身步骤

第一步：在自己的专业范围内敏锐地发现老人生活上的需求，从而发现商机。

第二步：利用自己护理专业的知识，将上门服务进行产品包装，让老人和老人的儿女们一看就能理解。根据服务内容和客户的需求，制定合理的价格。

第三步：印制宣传资料，向居委会、医院、养老院分发，进行服务推荐，招揽用户。

第四步：为客户提供专业的上门助浴服务，通过优质服务建立口碑，获得居委会和街道的支持。

第五步：招聘护理系学生兼职，提升服务能力，扩大服务范围；推出预付费次卡活动，优化服务预约流程。

第六步：教授老年人日常清洁卫生知识，提升他们的生活质量，并通过这个方式与老客户保持良性的联系。

第七步：成立公司，招聘员工，建立专业团队。

注意事项

1. 保护客户的隐私和尊严，提供安全、舒适的服务环境。
2. 不断探索新的服务模式，满足不同客户的需求。
3. 培养和管理好兼职团队，确保服务的专业性。
4. 了解并遵守相关法律法规，合法经营。
5. 评估潜在风险，制定应对措施。
6. 认识到工作的社会价值，真诚帮助老年人，提高他们的生活质量。

全职妈妈的家庭式创新运营

王丽原是一位干练的职场人，事业小成的她为了照顾老人和孩子被迫回归了家庭。

原本年幼的孩子由老人帮忙看顾，后来老人生了病，虽然还没有到生活完全不能自理的程度，但已经不再适合带娃，而且还需要经常跑医院。老人去大城市的医院，没有年轻人带着会很费劲。家里请了阿姨，可许多事阿姨根本替代不了。

作为新时代的父母，王丽看了许多教养类图书，用她的话说，她是边学习边当父母的，所以她深知亲子陪伴的重要性，也对教养的不可逆性深有感悟。王丽看着孩子一天天长大，特别是在孩子能正确表达自己的观点，互动更频繁，对她更依赖后，她便生出了改变现有生活的想法。

王丽下定决心离开职场，也是因为那一段时间孩子天天找妈妈，无论早上她起多早，动作多轻，孩子都会在她出门上班关门前一秒从床上跳起来，赤足抱大腿不让走；无论晚上她多晚回家，眼皮打架的孩子也能一秒清醒，扑进她怀里要抱抱。她一直都认同“好的教育离不开用心陪伴”的教养理念，认为这个时期是孩子心理发育和性格养成的关键期，可以说也是孩子一生中最需要父母亲陪伴的阶段，拿书上的话说，属于亲子陪伴黄金有效期。请的阿姨可以帮忙看顾老人，但无法替代对孩子的养育和教育，所以说，这个全职妈妈的角色转变也是顺势而为的。

王丽很快就进入到了全职妈妈的角色中。她秉承着快乐成长、科学养娃的理念，边带孩子边进行自我学习与提升。

比如厨艺，她跟着视频学会了摆水果盘、做小点心。每次自己学会了，她还会拉着女儿一起做，也不怕弄得到处都脏兮兮的，母女俩都很享受这个过程。

又比如拍照，她买了如何用手机拍照的书，后来又开始学习视频剪辑，就是为了把孩子的生活美美地记录下来。她以前是喜欢被人拍照，但自从有了孩子，她的镜头里都是孩子的身影，技术在这些实践中也越发成熟。

她还认真研究了前辈们“在游戏中学习”的教育理念，并自制了许多教具，在陪娃玩的过程中就把知识教授给了孩子。

当然，每日雷打不动的亲子阅读时光也让她有了无限的发挥空间。

每天，王丽都会在固定的一个时间段带孩子到小区的空地上进行户外游戏：有时候在地上画格子或线条，训练孩子的空间感；有时候拿着放大镜观察蚂蚁，或者在地上画上圈圈，看蚂蚁能不能逃出来；有时候拿着听诊器听大树的“心跳”声，培养其观察力和好奇心……总之，她总会挖空心思带着孩子玩一些有趣的游戏。她们玩的时候，其他小朋友会聚拢围观，也想试试。没过多长时间，王丽就变成了“静静妈妈”。

王丽本希望静静能多交到一些朋友，所以她每次都会诚邀小朋友们一起玩。在陪孩子们玩的过程中，她还会出一些常识问题或讲一些适合孩子们听的科普知识和新闻，与孩子们互动。孩子们回到家拿着听来的问题去考家长时，总会说“静静妈妈说的”。很快，这些孩子的家长都想认识静静和静静妈妈。

现如今，许多家庭都是独生子女，带孩子在户外玩的时候，都希望能为孩子找同龄的小伙伴，所以很自然地带孩子的家庭能凑到一起。小朋友和小朋友玩，大人和大人还能交流一下育儿心得。

那天，王丽像往常一样带着小朋友们一起玩，忽然，轩轩妈妈打来电话，说家里有人突发疾病，要送往医院，她想带轩轩走，轩轩却哭着闹着不肯走，毕竟是小孩，不懂轻重缓急，玩得正起劲，所以不愿意走。因为最近她们常常一起带娃，虽然没有到过对方家里，但彼此也算熟悉了，于是轩轩妈妈只好拜托王丽帮忙带一下，等她把家里老人送到医院，再去他们家里接她。王丽一听，哪里还有不同意的，她特别理解家有病人的难处。

别看是这么件小事，在农村可能很平常，在城市里可是不容易的。在城市里生活的人对邻居的概念越发模糊了，彼此都保持着距离，不轻易邀人上门，也不轻易去别人家。不仅把孩子交给别人需要莫大的信任与勇气，接管别人家的孩子也是要承担责任风险的。但是，淋过雨的人会主动帮别人打伞，所以冰就这样破开了。其实，人与人之间相处就是这样，总是需要有人走出第一步。那天事发突然，老人由于送医及时没有大碍，全家都很感谢王丽。王丽心善的美名便传开了。最重要的是，轩轩妈妈带回后，天天吵着要再去王丽家。

要说王丽家的魅力，除了王丽本人，可能就是她家的客厅了。

王丽家的客厅没有电视、沙发和茶几这标准三件套，取而代之的是可席地而坐的爬爬空间和满墙的书，就像进了绘本馆一般。这是她和先生还有老人一开始就规划好的，要为孩子营造氛围感十足的环境。从静静很小的时候开始，王丽便开始带着孩子"读"绘本了。说是读，其实几个月大的孩子也不会读，但是她喜欢翻翻书，喜欢布书和玩具书，慢慢地，静静又喜欢上了听妈妈讲绘本故事。所以，书架上的书越来越多，书架也越来越多。这两年，读着读着，玩着玩着，没想到都满满一墙了。

王丽讲故事可不是干巴巴地照着念，她会根据孩子的反应变化声调、语气，有时候还会加上肢体动作，经常把小静静逗得哈哈笑。她们在爬爬空间学绘本里的小动物们追逐、对话，甚至做了好多跟绘本故事有关的手工作品，以多种形式玩起来。

在陪娃的路上，王丽每天看似不经意的一些互动其实都是她提前准备好的。她的电脑里有一个文件夹，叫"静静的成长课"，里面分门别类地写着语言课、阅读课、朗诵课、书法课、画画课……还有一个excel表，里面大概规划了静静从几岁到几岁重点培养哪个方面，加入哪些课程，哪些是需要长期坚持的，哪些是短期培训掌握技巧就可以的。

王丽那天原本就计划带静静做漆扇，正好轩轩来了，也就一起玩了。当然不是买一些材料让她们自己玩，王丽会带着她们先了解漆扇文化，孩子们不仅知道了漆扇使用漆艺中的漂漆技法，还知道了它利用了漆不溶于水的特质，用点、甩、弹、划等手法在水面绘出精美图案而来。最重要的是，她们自己制作了独一无二的漆扇。

隔天，轩轩和静静拿着自己做的漆扇出现在其他小朋友面前的时候，被好生羡慕了一番。有了一，便很快就有二，有些胆子大、性格外向的家长就试探性地问王丽能不能带着孩子一起玩这些好玩的东西。然而，走进王丽家后，她们又被她家满墙的书震撼了。王丽很随意地挑出一本书带着孩子们一起读，那声情并茂的表演式阅读不仅逗得小朋友们哈哈大笑，连大人们也被吸引了。她们认识到亲子阅读还真的不是认识字就能干的事儿，非常希望自己的孩子每天都能来王丽家，哪怕就来两个小时。

于是，从那儿以后，每天都有一两个小朋友随王丽一起回家玩，王丽也慢慢熟悉了带多个娃的感觉。她收集了好多游戏，化身为游戏活动指导员。她还为孩子们提供了小点心，完全把这些小朋友当作自己的孩子一样教育。来玩过的小朋友都非常开心，每次家长接走时都依依不舍。其间，王丽发现不同的孩子有不同的性格和不同的行为，又抓紧买了几套书了解与小孩子相处的逻辑。以至于在大人眼里浑不讲理的孩子在她面前都是乖宝宝，孩子们都喜欢去她家里玩。

就这样，经过一段时间的修炼，王丽有了一个小小的圈子，圈子里的家长们都喜欢跟着她一起带娃，特别是希望她带着孩子们读书。

说巧不巧，王丽有位老同学是做少儿图书的。平时因为孩子阅读的事儿，王丽经常和其沟通。听说老同学所在的图书公司推出了一个家庭书架项目，正在找打样推广人，只需要一面墙，就可以拥有一个能随时更换书目的分级阅读书架。

分级阅读书架以月费借阅为主，对阅读环境要求不高。图书公司事先进行了分级打包，同一个年龄段还可以配多个不同主题的包，借阅人只需要提供孩子的年龄就好。图书公司还提供专业阅读指导。因为是推广打样家庭，连加盟费都省了，换成了收入分成的模式。

王丽一瞧，这简直就像是为她量身打造的一般。要知道，经过一段时间的细心照顾，王丽家老人的身体也稳定了下来，虽然还是做不了什么事，但至少不用随时跑医院。王丽作为一个全职宝妈，自己没有固定收入，眼见着积蓄只减不增，也动了回归职场的想法。然而，想象总是美好的，现实却有诸多困难。她依然需要时间相对自由、离家近的工作。可是这样的神仙工作哪里是那么好找的，而这个分级阅读书架多多少少可以添补一些家用，还能丰富孩子的阅读书单。

说干就干，王丽开始重新布置客厅。她把客厅里仅剩的常规餐桌、餐椅都清空，能空出来的墙全空了出来。她把一面墙都给了分级阅读，可供大一些的小朋友借阅。她又把这些年一直带着孩子读的绘本进行了有序排列，并且重新购置了一些适合低幼孩子围坐的桌椅和可折叠的饭桌。这一看，妥妥的一个家庭绘本馆的样子就出来了。

王丽所在的小区就有3000多户人家，虽然不是每家都有孩子，但人也不少，而且附近有好几个小区，幼儿园和小学也不止一个。

王丽提供分年龄阅读，以及上门送书和上门还书的新模式。她在几个幼儿园和小学前宣传了几日就吸引了不少人。虽然大多数时候大家只需要在网上提供地址就可在家等着取书，但也有好奇的家长想带着孩子自己去取书，偶尔就会碰上王丽带着熟悉的小朋友们一起做活动，还以为是这个美丽绘本馆提供的业务服务之一，特别是低幼的小孩都抵挡不住王丽的小活动。

见这么多孩子喜欢这些小活动，王丽就在想：是不是可以在绘本借阅之外再同时做点事？

随着王丽带给孩子们的玩耍内容越来越丰富，有些甚至需要购买原材料，家长朋友们都觉得一直让王丽无偿付出不合适，于是便提出支付一定的活动费用。王丽也不好意思忽然收费，便提出一些时段的活动尽量安排得有意义一点，收一点费用，另一些时段她尽量安排不用花钱买原材料的活动，还是无偿带着大家一起玩。

市场上一次类似活动最少200元，王丽只收一人100元。不过，每次活动都有十来个小朋友一起，批量采购，实际耗材不到200元。每做一次活动，王丽都能净赚七八百元。每周有两场就是1000多元，一个月下来的确也能添补不少家用。

因为王丽提供着免费游玩的项目，还有分级阅读的图书借阅，再加些户外集体活动（比如带着晨跑），参与到她家庭绘本馆活动的人越来越多，许多人都转化成了付费项目的参与者。

王丽由此策划了一系列的手工活动，并分成了不同主题的小系列，费用合理，从吃穿到玩乐，孩子们长了知识、动了手，家长朋友们都乐于把孩子送来。

没想到，用心陪伴也能带来商机。通过家庭式创新运营，全职妈妈可以边陪娃边实现自我价值，真的是两不误。

翻身步骤

第一步：在回归家庭照顾孩子的同时，学习新的技能，如厨艺、摄影和视频剪辑，丰富个人的能力。

第二步：利用照顾孩子的余力——一个也是照顾，一群也是照顾，孩子还能有更好的玩伴——组织户外游戏和亲子阅读活动，与社区里有孩子的家庭建立联系，提高社区参与度。

第三步：发挥自己在教育和儿童活动组织方面的专长，为社区里有孩子的家庭提供有价值的服务，合理收费，就水到渠成了。

第四步：创新服务，开展家庭式绘本馆和分级阅读服务，满足社区家庭对儿童教育的需求。

第五步：通过提供付费活动和手工课程，探索可持续的商业模式，实现经济独立。

注意事项

1. 在提供新服务前，充分了解社区家庭的需求和期望。
2. 在照顾他人的孩子时，评估潜在风险，确保安全。
3. 平衡家庭、个人成长和社区服务的时间分配。
4. 确保所有活动符合法律法规，特别是涉及儿童的部分。
5. 建立和维护良好的社区关系，促进资源共享和互助。

职场妈妈的周末儿童游学项目

胡小琴是一家民营公司的编辑，家里有一个三年级在读的孩子。最近，公司业务遇到了瓶颈，老板让大家共渡难关，虽然没有说会拖欠工资，但是已经提到了新绩效考核办法和基本工资降档一事，而且降得还不少。整个办公室都弥漫着低迷的气压。

优秀的父母都知道下班后不能把工作上的坏情绪带回家里，所以，进屋前，胡小琴调整了心态，努力让自己看起来和平时没什么两样。女儿蹦蹦跳跳地跑来迎接她，迫不及待地问："妈妈，周末我可不可以和小莹姐姐她们一起去颐和园玩？"胡小琴以为就是闲逛个公园，就爽快地答应了女儿。

女儿特别开心，尖叫着跑去告诉小姐妹："我妈妈答应了，答应了！我可以和你们一起去颐和园了。我太开心了……"

看着女儿天真的笑脸，胡小琴一扫阴霾，露出了今天的第一个微笑。只是世事难料，微笑还挂在脸上，胡小琴便僵住了。因为她收到了小莹妈妈的微信语音："我听小莹说，小丽周末有空和我们一起去颐和园啊，这个是报名链接，你抓紧时间报名，我听说刚好有小孩退出了。"后面跟着的是一个研学报名链接。

"这……"胡小琴蒙了，原来不是随便逛逛公园啊，还要消费啊，而且还不便宜，这显示拼团活动都399元了。

胡小琴推开女儿房门，发现女儿还沉浸在能和小朋友一起去颐和园玩的喜悦之中，她实在不忍心这个时候泼冷水，就下了单。母女俩按照导游队长的要求开始准备东西。

说到研学，胡小琴的确是第一次参加，以前逛公园也没有花钱请过导游。胡小琴边走边观察，她观察到小朋友们如饥似渴的眼神，观察到家长们点头如捣蒜的认可……的确是不错，比起纯粹的逛公园，小朋友们还了解了好多中国文化。胡小琴也被感染，拍照分享起来。虽然花了399元有点心疼，但是活动结束后她居然也觉得这钱花得挺值。

转眼就到了周一。上班的时候，大家又聊到即将减少的收入，都说要找点副业，做做兼职才能弥补这损失。有同事说，下班后要兼职开个快车；有同事说，下班后要去摆地摊；还有同事说会画画，能接点私活，只不过也不稳定……直到有一位小伙儿说："我其实还好，反正我也花不了太多。"他是孤身一人来到这个城市的，喜欢到处玩，朋友圈晒的全是美景。

听小伙儿说完，胡小琴开玩笑道："你倒是一人吃饱，全家不饿。我现在连带孩子出去玩都要考虑考虑了，周末……"她聊起了周末的特别体验。谁能想到就是这么随意一聊，激发了同事的博爱之心，他还说："这有啥啊，这周末我计划去景山，我给她讲……"

"你讲？"

"你这啥眼神啊，我当然能讲了。再怎么说，我也是考过导游证的！"

"啥，你考过了导游证，你之前是做导游的？"

"不是，是前阵子刚拿到的，这不喜欢到处跑嘛！有些地方有导游证免票，懂吧？"

胡小琴万万没想到，为了免票，同事居然考了导游证。

她知道这位同事有真才实学，爱看历史类的书籍，也很博爱，平时小组里有啥事儿，他都特别热心。本来还担心消费降级，孩子没有办法参加边看景边听故事的活动了，这不身边就有资源。于是，两人聊起了周末行。

本来，这只是朋友之间的小约会，奈何胡小琴是一位社牛达人，她为了独生女有同龄伙伴成长的环境，慢慢建起了一个小圈子。因为是图书编辑，她偶尔会召集小朋友们来场家庭式的读书分享会，家长们都很喜欢和她们来往，每周都有家长期待和她们一起度过一个有趣又有益的周末。

就在他们要去游玩的前一天，有位家长又问起胡小琴家的周末计划，胡小琴便分享了这个充满期待的行程。那位家长一听，弱弱地问能不能带着他们一起。最后，专属于小丽的周末行变成了以四个小朋友为核心的四个家庭行。

这次同行的小朋友大多是第一次参加这种边听故事边逛公园的活动。活动结束后，孩子们兴奋中又带着许多遗憾，都嫌时间过得太快。

家长们也表示，以前逛公园真是纯逛，这一次听到了一草一木背后的故事、一砖一瓦的意义，都希望胡小琴还能再组织这样的活动。

胡小琴的同事被小朋友追着、捧着也很开心。一个心中有爱的人体验到了分享的快乐，于是两人一对眼神，便答应下个周末还带娃一起出行。

每一次周末活动后，她都精心整理照片，配上合适的文字，发一个朋友圈。在胡小琴这些朋友圈内容的吸引下，申请周末加入他们一起玩的朋友越来越多。

知道家长和小朋友最大的兴趣点就是边看边听边玩，胡小琴和同事利用自身的优势做资料，毕竟是编辑出身，从一页纸发展到十来页，再到二十页，想让孩子们每一次行走都有收获。于是，没过多久，胡小琴的周末亲子活动队伍就发展到浩浩荡荡几十人了。

小琴和她的同事一开始并没有提任何费用问题，不过家长朋友们知道导游讲解很辛苦，胡小琴组织活动、操心行程、准备资料也很辛苦，一定要表示表示，不然就不好意思再跟着走了。于是，大家综合了各种情况后，都自发地支付了一笔200元的活动费。

胡小琴也是个认真的人，自从收费以后，她更是变着花儿地想怎么把这些朋友服务好，让参与活动的每个小朋友都有所收获。

良好的口碑一传十，十传百。若是周周不落空，胡小琴和导游同事每周都能有不错的收入。

他们现在活动特别稳定，甚至因为参加的小朋友太多，要进行分班才行。他们已经开始吸纳新的导游小伙伴一起开启不同的线路了。周末除了寓教于乐还能有收入，简直是一举多得嘛！

翻身步骤

第一步：参加其他机构组织的成熟的研学活动，了解和学习研学活动的流程、注意事项、需要做的准备等，同时了解大人和孩子在这方面的真实需求。

第二步：整合资源，寻找合伙人。当发现同事有导游证且热爱分享时，就可以考虑合作组织周末亲子活动。

第三步：做好产品准备，包括线路、研学课程、研学物料等。

第四步：从社区内的亲子活动开始，通过自己的社交网络获取天然的信任。

第五步：游学活动中提供详细的资料，拍摄孩子活动的照片、视频，增加活动价值。

第六步：建立合理的收费模式，以覆盖成本并提供更好的服务。

第七步：通过高质量的活动和服务赢得良好的口碑，吸引更多人参与。随着参与人数的增加，吸纳新的导游，开启更多线路。

注意事项

1. 组织活动时，确保所有孩子的安全是最重要的。
2. 确保所有活动符合相关法律法规，避免法律风险。
3. 不断创新活动内容，以吸引和保持参与者的兴趣。
4. 维护与社区成员的良好关系，促进活动的口碑传播。

儿童创意面点的市场潜力

王琦觉得今年是自己最倒霉的一年。在这之前，她是这个城市最大的舞蹈教学机构的王牌老师，许多孩子来学舞蹈都是点名要她教的。去年，她一年的课时费加上招生提成、续课提成，比学校第二名的老师高了将近一倍。对未来充满信心的她买了一辆车，作为对自己一年辛苦的犒赏。

王琦有一个谈了两年的男朋友，有一套还在还贷款的两室一厅，还有一个计划中的婚礼。那时候的她觉得自己虽然奋斗得很辛苦，但美好的未来正在朝着自己招手。

谁也没想到，新年才刚开始，她的美好生活就被彻底打碎了。

在开着新车回老家的路上，一次意外的车祸导致她右腿骨折，只能暂时依靠拐杖生活。对于一个舞蹈老师来说，腿就是她艺术生命的支柱。看着打了石膏、伤痕累累的腿，她一次次陷入绝望。

舞蹈学校虽然很照顾她，让她在恢复期间担任教务，但是收入上的巨大落差让她感觉生活的压力越来越大。

她的腿到底什么时候能恢复，还是未知数。恢复后，还能不能像原来一样舞蹈，更是未知数。

雪上加霜的是，在她恢复的最初半年里，经济的重担都落在了男友身上。压力巨大的他面对着心情绝望的她，矛盾不可避免地爆发了。终于，在一次争吵后，男友提出了分手。

那个夜里，王琦感受到前所未有的绝望和无力，她甚至想到过自杀。好在倔强的她在最后一刻决定用实际行动让所有人都知道，她还能靠自己重新过上美好的生活。

可是，想想容易，该怎么做呢？她设想了许多事情，可真做起来，都不太现实，直到有一天……

王琦是个爱吃的姑娘，很多女生都喜欢的奶油和芝士更是她的最爱。可是作为一个舞蹈老师，以前的她常常研究怎样做出美味的蛋糕和饼干，然后自己只吃一点点，剩下的都进了男友的肚子。

这一天，她给自己做了最爱的奶油小方和黄油饼干，毫无顾忌地吃着，忽然一个想法出现在她的脑海中：我做的蛋糕，许多吃过的人都说好吃，现在正是暑假，要不……

她当晚就做了一大包曲奇饼干，第二天带到学校里，作为小礼物送给孩子们。跳完舞的孩子接到饼干都特别开心。那诱人的香气令许多孩子还没换好衣服就迫不及待地将饼干送进了嘴里。

“太好吃了！”这是孩子们的一致评价。

“比店里买的还好吃！”这是尝过后的家长给出的评价。

在王琦原先的设想中，家长们如果觉得她做的蛋糕、饼干好吃，肯定就会有人跟她订，然而连续一个星期，却一个也没有。一个星期下来，她付出的材料成本和人工成本可一点也不低。

王琦有些沮丧，就在她犹豫要不要继续坚持的时候，终于有一个家长来问她：“王老师，生日蛋糕你会做吗？”

“会的会的！”王琦心想自己怎么就没想到，对于家长来说，小糕点虽然好吃，却不是必须买的。可一年一次的孩子的生日，家长们都是非常重视的。如果有一个地方能定制有特色的蛋糕，味道还棒，家长肯定是愿意花钱买的。

王琦于是接到了自己的第一个订单。晚上回家，她精心设计了一个女孩们都会喜欢的冰雪奇缘的蛋糕。作为艺术生的她，平时喜欢画画，这让她的蛋糕在美观度上绝对是同类产品中出类拔萃的。

她把蛋糕带到舞蹈学校，交给那个家长。家长在孩子放学后把蛋糕打开，让孩子跟同学们分享。

在打开蛋糕的那一刻，所有的孩子都发出了“哇！”的惊叹。这让王琦无比满足。

接下来的日子，来自学生和家长的订单渐渐多起来，她每天回到家以后也越来越忙碌。还拄着拐杖的她想到孩子们对她的蛋糕的喜爱，想到家长们看到孩子开心后满意的笑脸，想到那笔额外的收入，干劲十足地投入到蛋糕的制作中。

舞蹈学校负责人对于王琦的行为也很宽容。一方面是照顾王琦；另一方面，王琦的蛋糕也算是吸引家长和孩子的又一个有效的手段。

在舞蹈学校负责人的提醒下，王琦办了相关证件，也会在蛋糕上特别标注成分。孩子吃的东西容不得一点马虎，她对原料的把控更加严格了。为了吸引孩子，她还特意设计了许多造型的蛋糕，让孩子们爱不释手。

王琦的生意越来越好，不但学员家长会在她这里定做蛋糕，一些家长还会介绍朋友到这里定做蛋糕。王琦的收入越来越高，她又恢复了曾经的阳光自信。

有一天，一个家长看着王琦带来的蛋糕，脸上满是羡慕地说：“王老师，我女儿现在最崇拜你了，她说你又漂亮，又会跳舞，又会做蛋糕，真是厉害！要是我也会做蛋糕就好了。”

家长无意的一句话再次启发了王琦。是啊，如果能利用自己做糕点的专长，开一个亲子糕点班，是不是既能赚钱又能满足有需求的家长，还能教会孩子一项很有用的生活技能呢？

说干就干，她立马找到舞蹈学校的负责人，将自己的想法跟他说了一下。负责人考察了一下市场，觉得这确实是个很好的主意。

负责人腾出了一间教室，按照王琦的设计重新装修，然后按照王琦的要求买齐了器材，办好了手续。一间绝对新潮的“亲子糕点教室”就这样出现了。

这种新鲜形式的受欢迎程度远超王琦的想象。他们还没做什么宣传，已经有许多家长报名了。接下来的日子里，王琦设计课程，购买原料，制作教学PPT，忙得不亦乐乎。

经营几个月后，王琦算了算账，在舞蹈学校做教务的收入、卖蛋糕的收入和上亲子糕点课的收入加起来，竟然比原先的收入还要高了。

面对未来，王琦再次充满希望。

翻身步骤

第一步：采用免费分享的方法，了解自己所做的点心是不是符合目标群体的口味。

第二步：找到一个对目标消费者来说必要的产品作为主打产品，比如王琦最开始打开销路的“生日蛋糕”。

第三步：正规化经营，办理相关证件，严格把控原料，确保食品安全。把这个步骤安排在第三步，原因在于作为兼职创业的项目，在不确保事情可以持续下去的时候，考虑正规化经营有点为时过早。待确定事情是可以持续进行的时候，立即让自己的产品合法合规，就非常重要了。

第四步：通过学生和家长的好评，逐渐增加订单和知名度。因为兼职会吸引原来就很熟悉的人群，所以口碑营销是重中之重。

第五步：延伸出更有提升空间的项目，与舞蹈学校合作，利用现有的资源和场地，开设亲子糕点班，结合教育和兴趣培养。

注意事项

1. 食品制作者要严格遵守食品安全规范。
2. 了解目标客户的需求和偏好，提供符合他们期望的产品。
3. 不断提升烘焙技能和教学能力，保持竞争力。
4. 根据成本和市场情况合理定价，确保服务的可持续性。

第八章
人人可为的教育创富路

“非遗”技艺从兴趣到职业的转变

张小朵的奶奶是木偶制作与表演的非遗传承人。

张小朵小时候，奶奶就手把手教她关于木偶制作和表演的一切。别的孩子玩游戏机的时候，她的玩具是制作木偶的各种工具。别的孩子唱歌跳舞的时候，她在跟着奶奶练木偶表演的基本功——手指劈叉。就连大学选择的专业，也是奶奶和父亲商量的木偶表演。

按照原本的计划，她应该在毕业后进入一个木偶剧团磨炼几年，然后回家来接手奶奶的事业。可她不愿意过这样一切都被安排好的生活。大学毕业后，她独自来到了上海，找了一份普通的广告公司美工的工作。这份工作虽然让她摆脱了家里的安排，感受到了难得的自由，但是面对实在不高的收入和上海高昂的生活成本，她第一次感受到了生活的艰难。

要是能找一份兼职就好了，她不止一次这么想。只是她真的没想到，自己最终从事的兼职竟然和她一直回避的木偶有关。

老板女儿的学校要办新年晚会，作为班级文艺委员的她想要排一个有新意的节目，苦思冥想好几天，却没有一点思路。老板想到张小朵以前好像是学什么表演的，二话不说，就把这个任务派给了她。张小朵能想到的，就只有她从小到大最熟悉的木偶了。

说实话，她并不讨厌木偶。她只是讨厌人生被安排。假如把木偶当成一种兴趣爱好，她非但不抗拒，反而会非常喜欢。

她帮着老板的女儿选了一个中国民间故事做剧本，然后每天就在工位上专心致志地制作木偶。小孩子表演能力不强、专业度不够，所以，她主要做的都是手偶。除了民间故事需要的手偶，她还根据自己的喜好做出了许多好玩的木偶。

当一排生动形象、可爱无比的手偶并排展示在她的桌子上时，来来回回的同事都忍不住会多看一眼。

张小朵带着做好的手偶来到了老板孩子的学校。在她的指导下，孩子们很快就排出了一个精彩的木偶剧。为了让孩子们的表演更出彩，她还特意去自己的母校借了一个杖头仙女木偶，准备到时候自己也上场。

表演那天，她和孩子们一样紧张，直到她操纵着仙女木偶表演水袖，引发现场阵阵惊叹，她才彻底放松下来。

表演完后，这个节目成了当天当之无愧的一等奖。学校副校长特意找到她，询问她是不是有兴趣来学校给孩子上木偶课。当得知张小朵是非遗传承人的孙女时，副校长表示可以和她还有她奶奶合作，开展“木偶进校园”活动。如果她愿意，可以和学校合作，开展特色兴趣课程。

这些话是当着老板的面说的，张小朵心里多少有些犹豫。没想到老板比她更开心，还没等她表示，就一口答应了下来。老板刚刚承接了对区里各个学校进行广告宣传的项目，当下，他很愿意跟学校搞好关系。

双方约定，寒假过完，就以张小朵奶奶非遗传承人的身份跟学校合作开设特色木偶课程。张小朵作为这个课程的具体授课老师，负责和学校老师对接。

看着合同上授课费用一栏的数字，张小朵心里很高兴，她真的没想到，自己一直想要作为兴趣爱好的木偶给她带来了不错的收入。她一出学校就给奶奶打电话说准备好好宣传木偶。奶奶听到后果然很高兴，她很开心孙女终于又回到了木偶这个行业，哪怕只是暂时的兼职。

老板对张小朵这次的表现非常满意，回来特意跟大家说了张小朵“未来非遗传承人”的身份。听到这个消息，那些做出来但没用上的木偶立刻被同事们一抢而空。

同事们拿到可爱的木偶，一个个都在朋友圈里晒了出来，还特意强调了未来非遗传承人亲手制作这个点。

过年放假前，张小朵一下班，就全身心地投入到木偶的制作中。她结合了学校各种木偶的制作工艺，参考了现在市场上最受欢迎的各种玩偶的形象和制作材料，设计了几款玩偶。她还照着关系最好的同事的样子，做了一个可爱版的人物手偶。

令她没想到的是，这些玩偶通过同事们的宣传，竟然真的有人买。尤其是那个可爱版人物手偶，许多人想要定制这样的手偶。

过年回家前，她还接到了一个电话，是一个演出剧团打来的。他们最近正好在排一个剧，需要一些杖头偶和提线偶表演。正好剧团里有人看了学校的演出，想到了张小朵。

这个年，张小朵过得非常开心，她没想到自己最终还是靠着家传的木偶开启了改变生活的征程。

过完年回到上海，张小朵真正忙碌起来了。

周一到周四白天，她正常上班，晚上就会根据那些定制手偶的需求，制作个性化的可爱手偶。有时候，她还要去剧团排练。

周五下午，她会去老板女儿的学校上三个小时的木偶课，教小朋友制作木偶、表演木偶。

周六、周日，她或者制作玩偶，或者备课，或者跟着剧团在剧场演出。

忙碌又充实的生活给她带来了不错的收入。现在，她充分理解了奶奶说的“家财万贯，不如一技傍身”的含义。

到了毕业季，好多学校都找到公司，希望能拍一部有个性的毕业宣传片。老板找人设计了好多剧本，可总是觉得缺少一个亮点。

张小朵这时想到，如果给每个学校设计一个可爱的卡通形象，再给这个卡通形象制作一个木偶，让木偶穿插在这个短片之中……

老板觉得这个想法不错，立刻付诸实施。宣传短片果然让学校很满意，他们还表示能定制一批卡通形象的木偶，以后在各种活动中能够使用。

在半年多的时间里，张小朵辗转于各个地方，不停变换着角色。有时候，她是创意木偶的制作者；有时候，她是和蔼的木偶表演老师；有时候，她是剧团的木偶表演者……这一切开阔了她的眼界，也打开了她的思路。

奶奶已经决定再过两年就彻底退休，将非遗传承人的更多技艺传给张小朵。张小朵也在悄悄攒钱，想在奶奶彻底退休前把她接到上海，租个剧场，给她办一场木偶演出，让更多的人了解木偶的魅力。

翻身步骤

第一步：找到关键人物和机会，让自己所擅长的技艺得到展现。张小朵利用自己从小学习的木偶制作和表演技艺，帮助老板的女儿完成新年晚会的节目，迅速让自己的技艺得到认可。

第二步：寻找更好的时机，将技艺推广出去，并获得机会。张小朵指导并参与的新年晚会木偶剧得奖，获得学校提供的教学机会，从而获得额外收入。

第三步：根据客户的需求，提供个性化的手偶定制服务，并通过公众号等渠道宣传木偶文化，展示自己的作品，扩大影响力，进一步增加销售额。

第五步：继续拓展业务，与演出剧团合作，参与木偶表演，拓宽职业道路。将木偶艺术应用到广告宣传和毕业季活动中，创造新的市场。

注 意 事 项

1. 在创新的同时，注重传统木偶艺术的保护和传承。
2. 合理安排时间，平衡各项工作和个人生活。
3. 办理相关证件，确保所有经营活动合法合规。

“快手菜”教学背后的商机挖掘

35岁的许思明至今单身，身为一名在竞争激烈的互联网公司里的程序员，他是典型的80后直男。每日高强度的工作让他深陷代码的世界，几乎没有时间来打理自己的生活，找女朋友的事更是无暇顾及。一般来说，和他年龄相仿的程序员，有的在校期间就有了女朋友，毕业后顺利组建家庭；有的则依靠家里帮忙相亲，也步入了婚姻的殿堂。而许思明家里人尊重他的意愿，不曾催婚，他自己也就没把这件事放在心上。像他这样的单身汉，自然而然就成了加班的重点对象。他和众多单身程序员一样，为了节省时间，一日三餐常常依赖快餐，日子就在这样的忙碌与应付中匆匆流逝。

然而，长期吃快餐的生活方式终究还是给许思明的身体带来了不良影响。在一次全面的体检中，医生严肃地告诫他，身体已经亮起了醒目的红灯，必须尽快改善饮食习惯，多摄入营养均衡的健康食物。这一消息如同一记警钟，唤起了他对健康的重视。

为了重获健康，许思明决定听从医生的建议，自己动手做饭。其实，许思明并非毫无生活能力之人。小时候，由于爸爸妈妈忙碌，他经常下厨做菜给妹妹和自己吃。他只是后来上高中住校，做菜的机会减少；上大学为了省路费，回家少；毕业工作后更是一头扎进程序员的忙碌中，没了下厨的机会。这些年回家，家里条件好了，父母也不让他下厨。所以，尽管在记忆深处觉得做饭不难，但真正要开始做，他还是有些不知所措。

身为忙碌的上班族，他面临着一个棘手的问题：如何在有限的时间内快速做出美味又营养的家常菜?

许思明迅速购置好锅碗瓢盆，开始在网络上搜索各种烹饪方法。因为有从小做菜的基础，如今重新拾起，许思明上手很快。自己做的菜，材料放心，像酸辣土豆丝、清炒时蔬这些家常菜，不仅烹饪时间短，最大限度地保留食材的营养和口感，还能让自己适当休息，这让许思明犹如打开了新世界的大门。

许思明的公司有专门的小餐厅供大家吃饭，平时大家点了外卖都集中在小餐厅一起吃。虽然小餐厅一直有微波炉之类的设备，但基本都是有家室或有女友的人在使用，像许思明这样的单身汉很少用到。

经过一段时间的做菜训练，许思明第一天带午饭就成了他们单位小餐厅的新闻事件。大家还以为他有女朋友了，有人关心他的胃了。听说是他自己做的菜后，大家都发出了不可思议的惊呼。同事们都对他做的菜赞不绝口，称赞其既美味可口又营养丰富。那盘色香味俱佳的红烧肉色泽红亮，入口即化，肥而不腻；那道清爽的凉拌黄瓜脆生生的，带着恰到好处的酸甜。

许思明称自己做的菜为“快手菜”，顾名思义，就是能很快上手操作的菜，大部分菜都遵循了四步法原则。

在一次难得的朋友聚会上，许思明亲自下厨现场展示了他的快手菜厨艺。朋友们品尝后纷纷惊叹不已：“原来做饭可以这么简单快捷，还能如此美味！”这时，一个朋友半开玩笑半认真地建议他：“许思明，你这手艺简直绝了，为什么不开个快手菜教学班，教教我们这些厨房小白呢？”

朋友是认真的，同为单身程序员，胃只能自己管，自从蹭了几顿许思明的午餐后，就再也不想过点外卖的日子了。朋友这句话让许思明陷入了沉思。经过一番考虑，他觉得这个建议确实具有可行性。于是，他开始在自己的朋友圈分享快手菜的制作教程。这些教程详细且实用，从食材的选择到烹饪的步骤都清晰明了。没想到，这些教程迅速受到了众多朋友的喜爱和转发，吸引了越来越多的人关注。

随着影响力不断扩大，想要学习快手菜的人越来越多。许思明果断注册了一个公众号，命名为“一人食快手菜”，开始系统地分享自己的烹饪心得、食材搭配技巧及各种快手菜的独特做法。

从后台留言可以看出，一人食快手菜食谱有男生实践，也有女生实践。为了满足不同粉丝的需求，许思明在公众号上推出了一系列精心制作的快手菜的视频教程。这些教程涵盖了早餐、午餐、晚餐及特定节日的特色快手菜做法。不仅如此，他还定期开设线上直播课程，实时解答粉丝们在烹饪过程中遇到的各种问题。通过这种互动式的教学方式，粉丝们能够更加直观地学习和掌握快手菜的烹饪技巧。

随着公众号粉丝数量不断增加，许思明的知名度逐渐提升。一些厨房用品和食材品牌主动找上门来寻求合作。许思明看到了其中的商机，他带着学员们一起通过巧妙地植入广告、撰写生动有趣的软文等方式，实现了赢利。

除了线上的教学和合作，许思明还在周末举办烹饪工作坊。他邀请学员们来到现场，一起动手做菜，分享烹饪的乐趣和心得。在这个过程中，学员们不仅提高了自己的厨艺，还结交了志同道合的朋友。

收获最大的便是许思明本人，因为他终于遇到了一位见一眼就忘不掉、一靠近心就怦怦跳的女生。经过几次接触，女生似乎对许思明颇有好感，因为现在的许思明已经不能划为直男行列，而是有厨艺傍身的优质程序员。

经过两年坚持不懈的努力，许思明不仅是有家室的人了，还成功地从一名普通的程序员转型为备受瞩目的快手菜教学专家。他的教学帮助了无数像他一样忙碌的上班族解决了做饭难题，让他们在紧张的工作之余也能享受到亲手烹饪的美味和乐趣。

学会做菜的学员们纷纷效仿许思明，将自己制作快手菜的过程录制成精彩的视频，上传到抖音、B站、快手等热门平台，吸引了大量的关注和点赞。一人食快手菜在不知不觉中形成了一股健康饮食的新风潮，不仅温暖人们的胃，而且丰富了人们的生活，大家在忙碌中感受到美食带来的幸福与满足。

其中，有的学员学成出师后，通过美食自媒体的运营建立了自己的粉丝社群。他们在群里巧妙地销售一些与美食相关的优质产品，如特色调料、精致厨具等，不仅实现了个人的商业价值，还进一步推动了快手菜文化的传播和发展。

许思明的故事不仅是他个人的华丽转身，也像是一颗投入湖中的石子激起了层层涟漪。他带动的不仅是一群人的厨艺提升，也是一种积极生活态度的传播。快手菜教学成为人们忙碌生活中的一抹亮色，大家懂得，再忙碌也不应忽略生活中的美好，再平凡也能绽放出独特的光彩。

翻身步骤

第一步：从自身的需求出发，发现大众的需求。不健康的饮食会影响健康，自己动手做饭是改善的方法之一。不是每一个人都有做饭的手艺和时间，所以这就是商机。

第二步：满足像自己一样的上班族的饭食需要，既要健康，也能在忙碌中完成。根据这个具体的要求，开发快速、简单、营养的烹饪方法。

第三步：广而告之。在朋友聚会中展示自己的烹饪技能，获得认可。创建公众号，系统分享烹饪心得和教程。在视频教程和直播课程中教授烹饪技巧，积累粉丝，扩大影响力。

第四步：有了粉丝基础后，与厨房用品和食材品牌合作，成功变现，找到盈利点。

第五步：组织烹饪工作坊，增加与学员的互动，从而带动健康饮食风潮，影响更多人提升厨艺和生活质量。

注意事项

1. 始终将健康作为烹饪和生活方式改变的首要考虑因素。
2. 创新教学内容和形式，保持吸引力和新鲜感。
3. 建立和维护积极的在线和离线社群，增强学员的归属感。
4. 发现并抓住商业机会，实现知识变现。
5. 确保所有商业活动符合法律法规。

从服务员到收纳达人的转型之路

朋友们都知道，王茜是个有“洁癖”的“强迫症”。无论什么时候走进她家，从地面到台面，从阳台到卫生间，总是干干净净、整整齐齐的。

她家是两室一厅，68平米的空间里住着一家三口。无论什么时候走进王茜家，都不会感觉有一件东西是多余的。她把家庭的空间设计得科学合理，将家里整理得井井有条。

如果打开她家的橱柜，你一定会惊讶于王茜是如何分门别类将东西整理得这么整齐的。

王茜在一家服装店做店长，基本工资不高，主要靠销售提成。前些年王茜凭着干净整洁的店面、良好的服务态度，一直稳居销冠。可是这几年，受到网络的冲击，实体店的销售越来越不好干了。

过完十一假期，总公司来了通知，店面要升级重新装修，店里所有员工领半薪，等待装修好重新上岗。

闲在家里的日子不好过，少了一半收入，家里紧巴起来。丈夫一直安慰她不要焦虑，可她还是想着怎样才能增加点收入，从而让日子过得宽裕一点。知道王茜的情况后，好朋友们也帮着想办法。

半个月后，一位朋友打来电话，说有一个活儿，问王茜愿不愿意试试。

朋友是干搬家的，这一次，他们帮一个客户搬家。这个客户搬进200平方米的大平层，看着家里打包好的东西，女主人很发愁。这么多东西，她需要整理到什么时候啊？

朋友第一时间就想到了王茜。他知道现在有一个职业叫“收纳师”，据说收费还挺高。王茜把家里整理得那么整洁，要是让她来帮这个客户整理这些东西，那还不是手拿把攥。

王茜了解了情况，一秒钟都没犹豫就答应了。她喜欢整理东西，却从来没想过原来整理东西竟然能够赚钱。可是放下电话，她就有些慌了，做这个活儿，到底该怎么收费，到底该做些什么准备啊？

王茜第一时间上网查询了相关资料，还好网上关于收纳的介绍很全面。

王茜带着简单的工具来到了朋友介绍的地方。200平米的房子让王茜无比羡慕，堆成小山一样的东西则让王茜有些兴奋。她从来没见过这么多东西需要整理。衣服、书、装饰品、孩子的玩具……对于大多数人来说，这是负担；可对于王茜来说，这是多大的乐趣啊！

她快速估计着整理这些东西所需要的时间和难度，然后向女主人报出了自己的价格：“每小时100元，全部整理好估计需要12个小时。”

女主人接受了王茜的报价，她带王茜参观了所有房间，交代清楚整理收纳的要求，就留下钥匙和电话号码，让王茜整理完了给她打电话。为了让女主人放心，王茜主动加了女主人的微信，承诺会全程录像。她还将自己的身份证给女主人看，并且让女主人拍照。

女主人放心地离开了。接下来，就是王茜收纳整理的时间了。她开启了手机录像，然后将所有的东西进行拆包分类。

她将衣服按照季节、男女、穿着场合进行分类，然后按女主人的要求分别叠好或者挂好，放进衣橱指定位置。领带、袜子数量不少，她拿出了事先准备好的收纳盒，将它们一一归类收纳。一些看上去有些老旧的衣服，或者她不清楚该怎么归类的衣服，暂时先叠好放在一边……

王茜手脚麻利地将那一箱一箱、一包一包的东西整理归纳。整个过程，她非但没觉得累，反而乐在其中。

早上八点到达的王茜一直干到晚上八点。午餐和晚餐是她带来的面包。全部收纳完毕后，她给女主人打了电话。在等待女主人的过程中，她还把房间里稍微打扫了一下。

女主人走进房间时，不敢相信那些让她头疼不已的东西已经都各归各位了。王茜贴心地画了几张物品收纳位置的示意图。更为难能可贵的是，王茜竟然顺手就把许多地方的清洁工作一起做了。

女主人非常满意，结账的时候除了付了约定好的费用，还特意给王茜发了个红包。

王茜在回家的路上一边走一边思考，看来收纳这个活儿确实是适合自己的。以后就算服装店重开，她也可以利用休息日来干。

有了目标，她不再焦虑。每天送完孩子后，她就很认真地上网学习各种收纳整理的知识。她还将自己要干这个的消息在朋友圈子里充分扩散，告诉所有的朋友如果身边人有类似的需求，一定要找她。

渐渐地，她有了稳定的生意，客户有刚搬完家的年轻夫妻，家里东西快堆不下的老年人，衣服特别多却懒得收拾的直播从业者……

她不断根据需要添置了许多工具，比如可折叠的收纳盒、为让雇主放心而买的摄像装备、用来节省被子收纳空间的真空压缩袋……

王茜干了三个月的整理收纳工作，每月能稳定地赚到三四千元。公司说年后服装店就能重新开业，王茜已经认真思考到时候该怎么协调在店里上班和做收纳师的时间了。

过完年就是冬春换季，这对收纳整理来说是旺季。王茜准备近期参加一个专业的收纳师班，让自己的收纳技术更进一步。

有一个客户将她整理收纳的视频剪辑后上传到网上。这个视频原本是为了让客户放心的全程录像，没想到竟然有许多人观看。他们都说，看王茜收纳整理真是太解压了。还有许多人要跟着王茜学习科学收纳。

这给了王茜启发，她开始学习视频剪辑。在征得客户同意的前提下，她自己剪辑视频发布。这成为她宣传自己的“窗口”。

现在，她也在准备着将自己的技艺教授给更多想要学习的人。她找了一个茶室合作，在网上发布了教学的信息，不收学费，只要大家平摊场地使用费用就行，没想到报名的人络绎不绝。等到过完年，她就要开始第一次上课了。

王茜不焦虑了，她无比期盼新的一年到来，无比期盼自己能靠着自己独特的技能，给家庭带来更好的生活。

翻身步骤

第一步：有时候，自己无心插柳的一些举动能变成养活自己的靠谱手艺。王茜的整理技能，可以满足很多人完成收纳的需求。越是在困难的时候，我们越是要仔细琢磨，这种从自身出发的翻身项目更可靠。

第二步：让自己擅长的技能专业化。要提供付费服务，确保更专业，方法就是学习。王茜通过网络学习收纳整理的专业知识和技能。

第三步：利用身边的朋友推荐开展业务，同时把业务做到让人放心，毕竟要进入客户的家里。王茜在提供服务时，通过录像和提供身份证明来建立客户信任。要以专业和细致的态度完成收纳工作，超出客户期望，获得推荐，从而逐渐建立稳定的客户群。

第四步：利用新媒体技术扩大影响力，快速破圈。学习视频剪辑，发布收纳视频吸引更多关注，并通过教授收纳技巧来获得额外收入。

注意事项

1. 持续提升自己的收纳专业知识和技能。
2. 通过透明和诚信的服务建立客户信任。
3. 确保提供高质量的服务，超出客户期望。

拼布技艺的休闲时光与创富机遇

在一个偏远山村住着一位心灵手巧的普通女孩——林小梦，说她普通，是因为她长相平凡、性格内向，又出身于一个并不富裕的家庭。林小梦父母赚的钱只能维持基本生计。林小梦清晰地记得，小时候她和姐姐弟弟的书包都是用布头拼的，五颜六色的，有时候连材质都是不一样的。有一年，床单是用布头拼接的。然而，正是如此，才造就了这位心灵手巧的姑娘。林小梦有一位邻居，是一位老裁缝，老裁缝奶奶经常用布头做些生活小件，林小梦看着看着便学了几分去，彩色拼布的书包、床单什么的都是林小梦自己做的。

林小梦从小就深知生活艰辛，努力学习希望能改变自己和家庭的命运。然而，命运似乎爱和她开玩笑，高考时她因过度紧张，发挥失常，与理想的大学失之交臂，最后只去了一所普通的专科院校。

林小梦和她的父母都不知道专科毕业和本科毕业的差距有这么大，以为只要是大学生，都能找到好工作。毕业后她四处求职，却因学历不高屡屡碰壁。为了生活，最后她只好去一家公司应聘了前台的职位。

前台的工作看起来轻松，没有技术含量，但也得不到晋升。林小梦原想完成学业后帮衬家里，只做前台显然没办法帮助家里改变什么。心急如焚的林小梦听说做销售会有很好的待遇提成，于是做了半年前台后申请调岗到销售部门。她虽然申请调岗到了销售部门，但性格内向又没有出色的社交能力，每天面对着客户的拒绝和上司的斥责压力倍增。巨石般的压力压在她的心头，令她喘不过气来。

林小梦的生活可以说充满了不如意，不仅工作不顺心，就连感情生活也遭遇了挫折。男朋友提出了分手，她一度怀疑自己的价值。

就在林小梦感到绝望的时候，一个契机出现了。有一天，她和好友在街边闲逛，无意中看到一家小店正在展示精美的拼布作品，那些色彩斑斓、图案各异的拼布瞬间吸引了她的目光。她想起自己小时候背的五彩书包，还有邻居奶奶曾教过她的一些简单的拼布技巧，那一刻内心深处的记忆被唤醒了。

林小梦决定重新拾起拼布这门技艺。她凭借着以前从邻居奶奶那里学会的拼布针法，又从网上寻找到一些古朴的图案，准备试着做一些胸兜、口水兜、背带片等典型的拼布用品。

每当夜幕降临，结束了一天疲惫工作的她就会迫不及待地坐在那张小小的书桌前。

她先将一块块精心挑选的布料摊开，如同对待珍贵的宝物，用手指轻轻摩挲着布料的纹理，感受它们的质地和温度。然后，她拿起剪刀，小心翼翼地裁剪着布料，每一刀都力求精准，仿佛在雕琢一件绝世艺术品。

在拼接布料时，林小梦的眼神专注而坚定，手中的针线穿梭于布料之间，细密的针脚如同她心中那份执着的信念。很快，她做的物品越来越多了。像小香包、小手袋这样的物品，她经常换着使用。不仅如此，她还会根据设计的图案，巧妙地搭配颜色和形状，将不同的布料拼接在一起，有时还会在拼接处缝上一些精致的蕾丝或绣上一朵小花，为作品增添几分独特的韵味。拼布与人们的生产生活紧密结合，才得以流传下来。但是，现在这门古老的技艺几乎失传了，林小梦会，也是因为她小时候受到邻居裁缝的教导。

一天，林小梦的朋友看到了她的拼布作品，赞不绝口，还向小梦讨要一个小手袋，这极大地增加了林小梦的信心。她想：有人喜欢我的作品，是不是就证明我是有价值的呢？她不仅用心做了一个漂亮的拼布手袋送给好朋友，端午节还做了两个小香包送给同事。这么有艺术感的小香包，得到了办公室同事的一致好评，不仅有建议她开网店的，还有一位同事提供了一个拼布技艺比赛的信息，他们都觉得林小梦既然喜欢，做得也不错，就应该去试试。有了大家的肯定和支持，林小梦心动了。

为了参加比赛，林小梦专门回了一趟老家。她想从儿时的记忆中寻找更多的创作灵感。

老家的一切还是那么熟悉而亲切，陈旧的木屋，蜿蜒的小溪，还有那片开满野花的山坡。林小梦漫步在乡间小道上，思绪万千。她想起小时候，坐在门前的竹椅上一针一线地缝补衣物，那日子至今难忘。

回到家中，林小梦翻出了自己留下的一些旧布料和针线工具。那些布料虽然已经有些褪色，但却承载着她满满的回忆。她决定将这些元素融入自己的参赛作品中。

她原本想再次请教裁缝奶奶，但裁缝奶奶早已不在人世。既然已经回了家，她还是去拜访了邻居家。听说她要学拼布，好心的邻居让林小梦去找老裁缝已经出嫁的女儿。原来，奶奶家不只裁缝奶奶会拼布，她的女儿天天耳濡目染，也非常厉害。虽然那位阿姨的年龄比林小梦的妈妈还大，也是当奶奶的人了，但是耳聪目明，听说就在隔壁村。于是，她决定前去请教。阿姨热情地接待了她，并向她展示了许多传统的拼布技艺和图案。林小梦如获至宝，认真地学习和记录。

在阿姨的指导下，林小梦开始尝试将现代艺术的理念与传统的拼布技艺相结合。她大胆地运用色彩和线条，将传统的花鸟图案与抽象的几何图形巧妙地融合在一起。经过无数次的尝试和修改，林小梦终于创作出了一幅令人惊叹的参赛作品。

这幅作品以一块深蓝色的布料为背景，上面用五彩斑斓的丝线绣出了一朵盛开的牡丹花，花瓣层层叠叠，栩栩如生。牡丹花的周围环绕着一些简约的几何图案，线条流畅，富有现代感。作品的边缘则采用了传统的锁边工艺，精致而细腻。

带着这件充满心血和创意的作品，林小梦满怀期待地回到了城市，准备迎接比赛的挑战。

最终，林小梦的作品得到了认可，获得了第三名。虽然没有获得第一名是遗憾的，但是获奖就证明有人喜欢，她真的太开心了。

得知她获奖，同事们也为她高兴，并建议她在网上开一个小店，出售自己的作品。因为这次比赛，林小梦有了那么一点信心，她抱着试一试的心态开了一家名为“梦之园拼布坊”的网店。没想到，她的作品很快就受到了一些顾客的喜爱和关注。

林小梦的好朋友和一位女性同事也被拼布艺术吸引，偶尔帮忙打个下手。她们并没有辞去原有工作，只是在工作之余去帮忙。小梦看朋友和同事都喜欢拼布，毫无保留地一点一点地教她们，就像小时候，邻居奶奶一点点地教她一样。

从最基础的针法认识再到拼接技巧，林小梦耐心细致地传授。比如平针缝，她会亲自示范如何将针穿过布料，保持针距均匀，然后让朋友们在小块布料上练习。在她们练习的过程中，小梦还会逐个观察，及时纠正她们的手法，比如提醒她们不要把线拉得太紧或太松。回针缝相对复杂一些，她会放慢速度，一步一步地展示针的进退顺序，强调回针的规律和作用。同样，让朋友们通过反复练习来熟悉这种针法。最后在拼接技巧的教授中，小梦会先讲解拼接的基本原则，如对齐边缘、保持平整等，然后用一些简单的几何形状布料，示范如何将它们拼接在一起。朋友们从简单的三角形、正方形开始练习拼接，逐渐过渡到更复杂的形状组合。

因为小梦教得细致，朋友们很快上手了，而且越做越喜欢。她们都说小梦的性格非常适合当老师。很快，拼布风不仅吹过了林小梦所在的单位，整栋写字楼都知道5楼有个小姑娘有着一手好手艺，还特会教人。大家辗转打听过来，都希望下班后或周末可以跟着小梦学习一点拼布技艺的皮毛，哪怕自娱自乐做个小件也是好的。甚至还有一位姐姐愿意提供自己一处闲置的空房，给林小梦教学用。就这样，林小梦开启了自己的第二职业——拼布技术的教学工作。

在课程设置上，她设计了三个级别：初级课程主要教授基础的拼布知识和技巧，如常见的针法、布料选择和简单的图案拼接；中级课程会引导学员进行一些复杂的图案设计和色彩搭配；高级课程则着重培养学员的创新能力和个人风格，鼓励她们创作具有独特艺术价值的作品。因为有了拼布事业的成功，林小梦开朗了好多，就连销售工作也摸到了门道。

她终于凭借自己的努力走出了生活的困境，迎来了属于自己的阳光。

如今，林小梦依然做着销售工作，但却早已实现了经济独立，还收获了自信和快乐。前段时间的一个拼布交流会上，她还认识了一位同样喜欢拼布的男孩，她用拼布为自己编织出了一个美好的未来，证明了只要坚持不懈，生活总会在不经意间出现惊喜。

翻身步骤

第一步：发掘自己擅长的事情。在现今社会，复古的、传统的东西可以满足人们回归内心的审美需求，所以从这个方面去找是容易找到机会的。

第二步：做出精美的产品，真实地打动人。简单说，就是你做出来的东西有没有人表示喜欢，希望能拥有。

第三步：能成为商品的，一定要专业的。所以，自己的技能提升到一定高度是必要的。林小梦通过网络学习和实践提高了自己的拼布技能，并寻找有传承的师傅，获得更多拼布技巧和灵感。

第四步：借助参加比赛，增强了信心，提高了知名度，并以此为契机，开设网店销售自己的拼布作品。

第五步：拓展事业，开设不同级别的拼布技艺课程，教授感兴趣的人学习拼布，从而实现了经济独立。

注意事项

1. 将传统的拼布技艺与现代设计理念相结合，创作出具有个性的作品。
2. 建立个人品牌，提高自己的知名度和影响力。
3. 积极参与社交活动，拓宽人脉，寻找合作机会。

家庭教师的多元化收入来源探索

赵嘉伟在同学们的记忆中是个“考证狂魔”。大学期间，他考了31个证，有大家都考的英语四、六级证书，有普通话证、教师证，还有许多非常冷门的证书。

毕业后，他没跟其他同学一样到处投简历找工作。大学期间他就在一家教育机构兼职，一毕业就直接去了那里，成了一名专职的补习老师。

最初几年一切顺利，他靠着自己的努力很快成了机构的王牌补习老师，收入也让人满意。就在他对未来充满信心准备大展身手的时候，新冠疫情来了，然后“双减”也来了。

赵嘉伟工作的机构关门歇业了，失业的赵嘉伟待在自己租住的房子里，渐渐开始焦虑起来。未来该怎么办？他陷入了深深的迷茫。

他增加了在各种校友群、同事群里浏览的时间，也会在这些群里发布自己的消息，希望有人能给自己提供些就业的思路和方向。

这天，他打开校友群看到了一条消息：“有哪位师兄师姐能传授一下教师资格证的考试经验？”

这一个简单的问题，瞬间让赵嘉伟看到了希望。对啊，现在许多人为了更有竞争力，找到更好的工作，都会努力考证，而自己恰恰拥有丰富的考试经验。如果把自己的考试经验和教学生锻炼出来的教学能力相结合，是不是会有一条新的路呢？

他加了这个师妹的微信，并且将自己电脑中存着的各种当初考教师资格证的资料都发给她。师妹如果有问题，他就耐心解答；师妹如果有需要，他就连线传授经验。

后来，师妹顺利地通过了笔试。赵嘉伟对教材和上课很熟悉，帮她调整了教案。

师妹通过面试环节后，高兴地给赵嘉伟发来一个红包。赵嘉伟没有收这个红包，他只是让师妹帮他在学校里宣传一下，自己准备做“一对一考证辅导”，当然，是收费的。

赵嘉伟列出了自己考取的31个证，将其中比较权威、考的人比较多的证书整理好。然后他上网搜索相关教材、资料和历年真题，利用自己的专长仔细备课，撰写属于自己的讲义。做好相应准备后，他就在朋友圈和校友群里发布了相关消息。

可能是他当初“考证狂魔”的名气实在太响，很快，就有人来找他辅导。

最开始，赵嘉伟按次收费，帮助考生找重点，做模拟。因为他细致的讲解和针对性强的讲义、习题，找他上课的人都觉得受益匪浅，非常有用。

赵嘉伟很清楚，大学生能考的大多数是许多行业的入门级证书。考这类证书，只要充分了解行业特性，掌握基本的行业专业知识，再加上针对性强的练习和讲解，要通过都不是很难。许多人通不过，要么是不够努力，要么是始终找不到这个行业的重点。

经过赵嘉伟的辅导，在半年的时间里，陆陆续续有人考取了证书。赵嘉伟有了稳定的收入。

找赵嘉伟辅导的，以准备考教师资格证的学生为主，一对一辅导有较强的针对性，加上赵嘉伟对复习要点的把握非常精准，而且他自己也有丰富的实战经验，大多数经过他辅导的学生都觉得钱花得值。

教师资格证考试一年只有两次，可因为涉及面试，整个流程会比较长。赵嘉伟有针对性地做出了一系列讲义：笔试重点、说课要点、面试技巧、备课样板……做这些讲义，他花费了极大的心血，可以说将自己的成功经验和失败教训都写了进去。

当然，也会有学生咨询其他证书的考试。

比如初级经济师，这也是赵嘉伟拥有的证书之一。相对而言，他觉得这个证书通过相对容易，毕竟只学习两门课。他就利用闲暇将自己考初级经济师的经验写成讲义，提供给需要的人。

比如证券从业资格证，这也是赵嘉伟奋战过的。对这个行业，他虽然不太熟悉，但对如何通过这个考试还是很有发言权的。

当然，也会有人询问他没有参与过的考试，比如公务员考试。

赵嘉伟了解了一下公务员考试的内容，调查了现有市场上公务员考试培训的内容，还特意买了许多资料进行研读，并且尝试性地撰写了几套讲义，免费给咨询的人试用。出乎意料的是，很多人反映他这几套讲义针对性很强，学习之后效果都不错。

赵嘉伟每天都很忙碌，平均每天三四场线上授课，还要不停地学习各种考级考证的新材料，编写新讲义，他觉得现在的自己比当初在机构上课时更加忙碌和充实了。

有一次，他的学生上完课后跟他聊天："老师，您的课这么好，为什么不挂到网上卖？"

这句话一下子打开了赵嘉伟的思路。是啊，可以把自己的课整理一下，录成视频和音频挂网上，再通过付费购买的形式增加收入，扩大影响。

思路有了，作为行动派的他立刻行动起来，注册属于自己的微信公众号，制作相关课程的音频和视频，寻找合适的网站挂上。

一开始，关注他的人少之又少。他花钱做了一些推广，有些效果，可并不能让他满意。

他没有办法大规模投入推广。在看了许多类似的网上课程后，他确定自己的课程在专业性、有效性和趣味性上更胜一筹。可怎样才能让更多的人知道自己呢?

正在他愁眉不展的时候，他的课程视频被他教过的一个学生推荐给一家颇为知名的音频平台，这个学生现在在那里实习。

平台相关负责人仔细听了他的课程后，觉得这些课程的质量很高，受众也比较广泛。于是，那个学生联系到他，他几乎没有犹豫，就跟平台签订了相关协议。

半年过去，他的课程在平台上的播放量远超他原先的预期。订阅分成带来的收入比他原先预想的多很多。

因为音频受欢迎，他的视频课程也被相关平台发现，于是他再一次签下协议，准备在视频这条路上再闯一闯。

用教人赚钱的方式来赚钱，赵嘉伟觉得自己的未来无限光明。

翻身步骤

第一步：获得资历。这是一个有门槛的翻身事业。当然，很多翻身事业都是有门槛的。每个人都能做的事情，要么不能成为商品或者进行收费服务，要么就会陷入红海竞争。赵嘉伟明显是无心插柳的，也许是出于爱好，也许是出于对未来的准备，在大学期间考取多种证书，积累了丰富的考试经验。

第二步：敏锐地发现机会。这个发现的基础得益于赵嘉伟持续地在思考这个问题，他把一个需求转化成了提供服务的开端。

第三步：建立服务模型。通过校友群等社交网络提供一对一考证辅导服务，利用个人专长和教学经验帮助他人。准备教材、资料和讲义，为不同证书的考试制订辅导计划。

第四步：通过线上授课扩大辅导范围，增加收入来源。将课程制作成视频和音频，通过网络平台进行销售。与知名视频、音频平台合作，扩大课程影响力，增加收入。

注意事项

1. 了解当前市场对各类证书的需求，有针对性地提供辅导。
2. 确保辅导内容的专业性和有效性，以建立良好口碑。
3. 确保所有教学活动、课程销售符合教育政策和法律法规。
4. 提供优质的客户服务，包括课后咨询和反馈处理。